# 山田方谷述

# 『古本大學』

# はじめに

この『山田方谷述『古本大學』』は、山田方谷全集に載っている明治に入ってからの古本大學講義録を引いて稚拙ながら読み下し注釈を付し口語訳し、見出しをつけ構造化し、この度見直したものです。これは、二つの柱になっています。一つは、方谷が古本大學の講義にあたり先に講述した王陽明撰の『古本大學序』です。二つ目には、『礼記』から直接引いたままを方谷が解釈し講述した『古本大學』です。

明徳出版社から、併せて『どう生きるか　山田方谷の生き方と『古本大學』に学ぶ』を出版していただきました。貧しい農商家に生まれながら両親の温もりあるしかも篤い家庭教育の環境の中で育ったことと五歳から生き方考え方の基本書経学を学び始めたこと、更には十六歳から働きながら学校という場所でなくても自ら学問を続け、誠意ある主体的な自分をつくりあげていったことなどを記しています。また、藩校会頭拝命後藩民の現状を視て志を立て、会頭を罷め遊学しやがて藩重役となり、人材育成や藩政で次々と革新し続け成果を上げ続けたことなどを記しています。そして、それらのことを古本大學に照らし記しています。

なぜ古本大學に照らしたのか。

古本大學は、方谷が幅広く人と出会い幅広く学び自らを磨き、実際に人材育成や藩政革新で成果を上げ続けた本となった実用学の大きな一つだと思えるからです。その講義録を稚拙ながら詳説したのが、『山田方谷述『古本大學』』です。

方谷は、二十六歳で志を立て、藩士藩民の困窮の姿を視て解決するための実用学を求め京都から江戸佐藤一斎塾に遊学しました。佐藤一斎は、朱子の大學に疑問を覚え約三十年の年月を費やし文政十二年（方谷二十五歳）『大學欄外書』を脱稿し、日を置くことなく王陽明の『大學古本旁釈』の補訂を五年かけて完成させています。（佐藤一斎全集）

方谷は天保五年（方谷三十歳）に入塾しています。このことから、師の一斎により著された古本大學に関する書にも深く学び、それが『理財論』に結実し、これらを実用し藩政革新の成果につながったのではないかと思えてなりません。

このような背景をもったこの本は、現代の論説文のように簡潔明瞭に説いてあり、誰もが自らを磨くのに最適な書だと言えます。そして、大人となる方法、組織マネジメントを明確に示しています。まさに世（よ）を経（ととの）え民（たみ）を済（すく）う経世済民（経済）の書でもあります。

ぜひ、今の混迷の不確実な時代、一人の人間として、或いは世界的規模の大きな組織から三人くらいの小さな組織まで様々な組織のリーダー・指導者として方谷学の真髄に触れてみませんか。目からウロコの発見が幾つもあると思います。そうすると、いつの間にか自分の潜在意識の中に留まり実用されるようになると思います。

なお、読む順序としては、普通『序』からと考えられるのですが、先に『古本大學』を読んで構造や概略を知ったうえで王陽明撰の『古本大学序』を読むとわかりやすくなると思います。なぜなら、私自身、最初『序』の文の理解に苦しんだのですが、本文『古本大學』を学んだ後に『序』にかえってみると、要点が的確に表現されているように思えて、ぐっと分かるようになったと思えたからです。

どうか、お一人の方にでも、諸々の課題解決につながる生き方考え方になれば幸いだと、僭越ながら願ってやみません。前向きに困難を乗り越え豊かで元気な新たな社会を創り、楽しく幸せに生きるため共に学び合いましょう。

## 目次

目次

# 古本大學序（王陽明撰）

# 方谷はじめに

古本大學を講じようと思えば、まず王陽明先生の著述された『古本大學序』より講じるべきだ。

さて、『大學』の書は、古く『礼記』の中に編入してあったが、その後気運が次第に開け、唐[A]の時代になると、韓退之（かんたいし）は、原道[B]の文に『大學』中の文を引いて証拠とした。宋の時代になると、程子[C]がこの書を読んで、古聖人の模範はここに尽きるといって、『礼記』より抜き出して、一つの書とした。また、文章の前後が入れ違っているとして、所々文章を入れ替えた。それから百年経って、朱子の時代になると、断じてこの書は、曾子の著作だとして、四書（論語、大學、中庸、孟子）を編集する時、これを第一に位置付けた。そして、朱子は、程子のように文章の前後の入れ違いがあるとしただけでなく、ぬけ落ちた所があるとして、そこに一章を入れた。また、経と伝というものを立て、三綱領八

---

A　唐：六一八～九〇七。南北朝（四三九～五八一）→隋（五八一～六一八）→唐。

B　原道：唐の文学者韓退之（韓愈）の代表的論文。中庸や大學から引き聖人の伝統的道を唱え、宋代儒学の先駆。

C　程子：宋代儒学者。程顥（ていこう）（程明道）、程頤（ていい）（程伊川）兄弟の尊称。

条目に分けた。これで、根本の編み方が、すでに古本とは違ってきただけでなく、朱子一派の意見で種々の論議がなされ、『礼記』の中に在ったときと大いにそのありさまを変えた。

それより三百年の後、明の時代になると、陽明王子が出現され、朱子の自説によって聖人の旨趣が破綻するのを嫌い、昔の『礼記』中にあったままを正しいとして、始めて古本に復された。

これより後、古本新本の表向きの名称ができ、世の中のこの書を読む人も、ふたとおりとなった。朱説の人は新本を使用し、王説の人は古本を使用するようになった。この序文は、『大學』を古本に戻されたことにより、ある程度別物のようにみえるので、その順序や性質を述べ、人に『大學』を読む要旨を授けようと思う。

## ◆方谷文

筆者注：本書に掲載した「方谷文」は、『山田方谷全集（第一冊）』所収のものを引用した。ただし、読みやすさを考慮して、底本にはない送り仮名を加え、読みにくい字に多少読み仮名を振る等した。

古本大學を講ぜんと欲すれば、先づ陽明先生の撰せられたる古本大學序文より講ぜざる可からず。さて大學の書は舊（もと）と禮記中に編入してありしが、其後氣運次第に開け、唐の世に至り、韓退之（かんたいし）は原道の文に大學中の文を引證し、宋に至りては、程子此書を讀みて、古聖人の法此に尽くせりとなし、禮記中より抜き出して一書となし、又錯簡[D]ありとして、所々文章を入れ替へられたり。夫れより百年を經て朱子に至り、斷然此書を曾子の書となし、四書を編むとき之を第一に置けり、而て朱子は程子の如く錯簡ありとなせるのみならず、又脱簡ありとして、補導の一章を中間に挿み、又經伝と云ふものを立て、三綱領八條目に分たれたり。是に於いて根本の編み方が已に古本と相違せるのみならず、朱子一派の見を以て種々の論をなし、禮記中に在りしときと大に其面目を変ぜり。

夫より、三百年の後明の世に至り、陽明王子出でられ、朱子の自説に因って聖人の旨趣破綻せるを嫌ひ、昔の禮記中に在りし儘を正しとなし、始めて古本に復されたり。是より後古本新本の名目が立ち、世人の此書を讀む者も二様になり、朱説の人は新本を用ひ、王説の人は古本を用ふるやうになれり。[E]而て此序は大學を古本に戻されたるに因り、一段別物のやうに見ゆるを以て、其次第譯柄[F]を述べ人に大學を読む要旨を授けられたるなり。

D　錯簡：文章の前後が入れ違って乱れていること。

E　朱説、王説二様：※私見：経験知により両方大切だと思う。なぜなら、王説の意識、考え方を重視することと朱説の、物事の理の知識をもとに思考・判断、計画、評価することの、両方で物事は成功するから。ただし、第三章10のところでその詳細は説明してあるので参照されたい。

F　訳柄：訳は解釈。柄は根本。

# 第一章　大學のあらまし

## 1　大學之要ハ誠意而已矣。

大學（だいがく）の要（よう）は誠意（せいい）のみ。

さて、この序文は古文体で書かれていて王陽明の他の文とは大いに異なる。古文とは秦漢[G]時代以前の文なので一字一字深い意味を含んでいる。その後の世の文は詳しく解釈した注疏[H]のようなものだ。韓柳[I]諸家の文もまたこの範囲を出ていない。この序文は真に古文体で、読むものは「要切極」等眼目の字に就いて細心の注意を払い味わわなければその真意を悟ることはできない。この句は要の字眼目。大學と言えば、天地万物一体となるような大なる学問だけれども、その肝腎要の手を下す処、即ち大學の本質は、「誠意のみ」と言える。ということは、人は、大虚の処へ立ち

G　秦漢：秦：前二二一～前二〇六。漢：秦につづく王朝。前漢（前二〇～後八）。後漢（二五～二二〇）

H　注疏：「注」は経を解釈したもの、「疏」は注をさらに言い換えて詳しく解釈説明したもの。

I　韓柳：唐（六一八～九〇七）代の文学者　韓愈、柳宗元。

返るほかは、手の下しようがないということだ。

意とは、性念(しょうね)。人は人間として生まれるとともに皆性根を持つ。その性根は、物に触れ事に応じる毎に必ず知覚感応するもの。つまり、知覚感応の念を起こす処。

誠とは、何もない大虚[J]のところから自然なりに来るもので、人はその太虚に立ち返る事が要る。太虚で意は日月などの天体の生じる始め。人間で言えば物に触れ感応しない前が太虚で感応の物が生じてくるのが意。

この、意の出るところを自然という。即、造物者の物を造る始め。例えば鳥が飛んだり獣が走ったり草木や花が成長し花開いたりするのは皆自然だ。その自然なりにいくのを良知良心という。

しかし、物が形に落ちると是非病を生じ、自然なりにいかないことが多い。これは形から病を生じるということだ。故に形よりくる病を取り除けば本の太虚自然に反り誠意となる。このように物にはもともと悪というものはない。形に落ちて始めて善悪の名が生じる。形に落ちる前はただ太虚であり、何物もない。この処を自然といい善無く悪も無いともいう。だから、自然より来れば善といい、形躯上より来れば悪という。ただ悪を去り自然なりにいくようにすることが、大学工夫の大切なところで、

J　太虚：北宋の張載（一〇二〇～一〇七七）が説いた概念。太虚が凝集して気、気が有形に凝集して万物を生んだ。太虚は無形だが無ではなく、万物・気の本体で、宇宙生成の根元。

その要は意を誠にするより外はない。つまり誠意、意を誠にするとは、唯一念の動く処で省察[K]し意が自然なりに良知良心なりに出るかを見ることだ。

結局リーダー、指導者が意を誠にし変わり続けると、私欲だけということはなくなり物（天下国家等組織や身心意）は正され修まり治まる。この誠意の努力工夫は、自然を妨げる怒りやおそれなどの感情の病を取り除くことに過ぎない。でも感情あっての人間。なければいつわりとなる。ただその度を超してのひずみを取り除くのだ。そして哀しい時には哀しみ怒るときには怒るが、後に残さないのだ。このことを視覚的に捉えやすくすれためマクロとミクロで捉えて次に図示してみた。

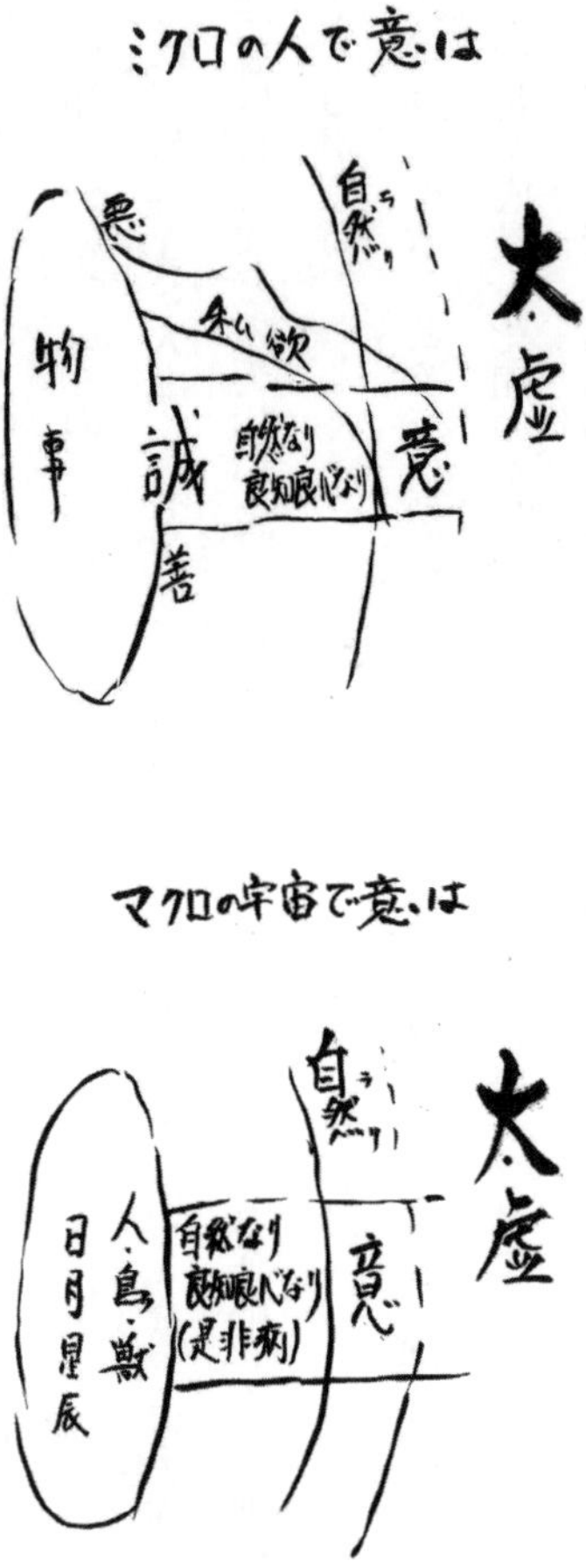

相関図
（著者作成）

K　省察：自分自身を省みて考えめぐらすこと。

※意識が変わると考え方が変わる、考え方変わると行動変わる、行動変わると習慣が変わる、習慣変わると人生が変わる、という言葉ある。

◆方谷文

さて、此序文は古文體にて、王子の他の文と大に異なれり、古文とは秦漢以上の文にして、一字一字深意を含みたれども、後世の文は注疏のやうなものにて、韓柳諸家の文も亦此範圍を出でず、此序文の如きは眞に古文體にして、讀むもの、要切極則等眼目の字に就き細心玩味せざれば、其深意を悟ること能はず、此句は要の字眼目にして、大學と云へば、天地萬物一體となるやうになる大なる學問なれども、其肝心かなめの手を下す處、即ち大學の大本領は何ならんと云ふに、それは誠意而已矣と云へるなり。是即ち人が大虚[L]の處に立ち返るにつき、手の下し方にて、此外に他の仕方はなきなり。

L　太虚：※現代の物理学によると、約一三七億年前、目に見えない何も無いような素粒子のビッグバンで宇宙が誕生した。そこで、途方もないエネルギーは重力に変わり宇宙に存在するものは、互いにくっつこうとした。そして、おびただしい数のミクロ粒子が生み出された。今日存在する物質の全ては、このビッグバン直後に生じたこの無数の粒子から出来ている。それから三十万年経ち、宇宙温度が低くなるにつれ、電子や陽子、中性子などは結びつき原子とよぶ小さな塊になり、さらにくっつき合い超高温の巨大な雲を作った。これから生まれたのが最初恒星。ビッグバンのエネルギーが詰まった巨大な火の玉集団。これら意とは性念（しょうね）[M]にして、人は形を結ぶと共に皆性念を持てり、其性念は物に觸れ事に應ずる毎に、必ず知覺感應するものなり、其知覺感應の念を起こす處が卽意なり。

又誠とは何もなき大虛の處より自然なりに來るものにて、人は其大虛に立ち返るを要す。大虛にて意は如何なるものかと云へば彼の日月星辰の生ずる始めが意なり。人間にて云へば、物に觸れ感應せぬ前が大虛にて、其大虛に感應の物が生じて來るは是意なり。意の出づる處是を自然と云ふ、卽造物者の物を造る始めなり。例せば鳥の飛び獸の走り草木と花を開く皆自然なり、其自然なりに行くを良知良心[N]と云ふ。

然れども物の形に落つると是非病を生ずるものにて、自然なりに行かぬこと多し、是は形から病を

---

恒星が互いの重力で集まり銀河になった。我々の天の川銀河はビッグバン後一億年経ってできたもの。太陽は四六億年前誕生の若い星。第一世代の恒星は、水素やヘリウムといった単純なガスだけでできていた。が、超新星爆発の繰り返しにより、原子を結び付け、やがては地球のような岩石型の惑星が誕生し、鉄、酸素、炭素など生命を生み出す要素をもたらした。また、逆に万物を押し込め押し込め目に見えないような素粒子に復るという説もある。つまり、何もない処から素粒子ビッグバンで、チリが凝集してヘリウム、水素の気を生み、さらに有形に凝集して岩石型の惑星を、そして万物を生んだ。また逆もあるかも。

M　念：おもい。考え。気持ち。

N　良知良心：私見で、だれもが生まれ持った自然の理で本質、原理原則。

生ずるなり。故に形より來る病を取りのくれば、本の大虚自然に反り、即ち誠意なり、故に物には固(もとも)と惡と云ふものなし、形に落ちて後始めて善惡の名を生ず、形に落ちざる前は唯大虚にして、何物もなし、此處を自然と云ふ卽ち無善無惡の謂なり。是を以て自然より來れば善と云ひ、形軀上より來れば惡と云ふ。唯だ其惡を去り、自然なりに行くやうにするが、大學工夫の大切なる處にて、其要は意を誠にするより外なし。意を誠にするのは、唯一念の動く處につき、省察して自然に出づるかを見るに在り。

## 2　誠意之功ハ格物而已矣。

誠意(せいい)の功(こう)は格物(かくぶつ)のみ。

功の字眼目。功とは、農功などの功で誠意より出る仕事のことで、手を下してするかかりをいう。意というものは、生きている間眠っているとき以外は、常に知覚感応して止まないものだ。鏡に物が映るが如く。

物とは、その意が知覚感応して来るもの全てだ。だから、天下を治める人にとって物は天下故、自然我が心に天下を感じてきて意識するものだ。一国についても同じことがいえる。また、一家、一身についても同じで物だ。

格とは、自然なりにいかないのを自然なりに、良知良心なりにしていくこと。ねじれたもの碍る（さまたげる）。ことなったものを取りのぞいていくのが仕事。つまり誠意のことだ。そこに病が生じると感応できなくなる。総じて為すことが皆ねじれてくる。それを直しさえすれば、順当に感応するようになる。これが直に誠意ということになる。

このように考えると、誠意と格物は二つそろっていくものだということがわかる。格物ができないということは、誠意に立ち返ることができないということになるし、格物だけをすることは、私となることがあるからだ。

つまり、誠意の具体的仕事が格物ということ。

◆方谷文
此句は、功の字眼目なり。功とは農功女功などの功と同じく、誠意より出づる仕事にして、手を下してするかかりを云ふ。

意と云ふものは、常に感應して止むことなく、恰も鏡に物の映ずる如きものなり。又物とは其の意

---

○　碍る：石を前にして人が立ち尽くすさまから思い迷うこと。

が感應して來るものは皆物にて、天下を治むる人ならば、自然我心に天下が感じて來るべし、天下は即物なり。一國一家一身上にても皆同じことなり。

又格とは、自然なりに行かざるを自然なりになし良知良心なりにして行くを云ふ。即ちねぢれたもの又は碍り（さまたげ）ものを取りのけて行くが仕事なり。そこに病が生ずれば感應する能ず。凡そ爲す業が皆ねぢれてくる。其れを直しさへすれば、順當に感應するに至る。即ち直に誠意なり。

されば誠意と格物とは、二つの相揃ふて行かざる可からず。格物のできぬは、誠意に立ち返ることの届かぬので、又格物のみすれば、却て私となるべし。

**3**　**誠意之極ハ止マル二至善一而已矣。止マル二至善一之則ハ致知而已矣。**

誠意（せいい）の極（きょく）は至善（しぜん）に止（とど）まるのみ。至善（しぜん）に止（とど）まるの則（そく）は致知（ちち）のみ。

この節、上句は極の字眼目。極とは、誠意を為しつめた極ではなく、誠意の本体の極。本体のつまり（返る最後のところ）果てのこと。

至善とは、何物もない太虚のところで、無善無悪の時。だから、この至善は、意が発する前。その至善の場より流出し来るものは皆善だ。その善を一層推し極めて行けば、何物もない太虚に至る。つまりこれが極ということだ。

この太虚の何物もないところより、自然に感応し来るものでなければ、真の物ではない。また誠意とはいえない。

止まるとは、自然なりに来るものに従って、外に動かないことだ。しかし、もし、自然なりに来るものより一層善をしようとすると、中庸のいわゆる「知者は之を過ぎる」の如く、私欲となり、至善に止まるということにならない。

だから、『大學』は、明徳親民の二つで、万物一体は済むことになる。でも、その二つが至善に止まらなければならない、ということを言うために、至善という言葉を置いたのだ。

「至善に止まるの則は致知のみ」の下句は、則の字眼目。則とは、定木(規準、模範)、手本という意味。そもそも物は自然の知[P]から動いてくるので、捉えようがなくどんな事が起こるのか知ることができないが、物が自然なりに発すれば、鳥は飛んで淵に入る事なく魚は潜って天に上る事もないように、一々理[Q]にあたるものだ。この巧妙なはたらきは、外の物が意志や願望で知ることではなく、そこに知というものがあって、自然にその知ったままにいくのだ。この知は前に述べた良知良心であり、各形に従って存在するもの。

---

P　知：みとめること。気づくこと。意識すること。感覚。知覚。さとること。たぐい(類)。つかさどること。見分けること。理解すること。関与すること。治めること。耳目の欲望。

Q　理：本質。原理。※私見：遺伝子の為せる業。

だから、鳥は飛び、獣は走り、山はそびえるように、人にも自然の理がある。もし理に当たらないことがあれば、良知が必ず不快を感じるものだ。

このように良知の知る通りに事を仕遂げるのを良知を致すという。これが致知だ。致とは格物に外ならず仕事を仕遂げること。身を修める人なら、良知通りに身を修めれば、格物の仕事は済んだことになる。天下を治める人も、良知通りに天下を治めればいいのであり同じことだ。

しかし、宋儒は誠意格物を見損ない、至善の感応では足りないとして、格物窮理を主張した。これは大間違いだ。

誠意の処へ立ち返りさえすれば、格物は自ずからできる。誠意は本で、格物は仕事。且つ格物は致知より出るもので、また、致知格物は誠意中にあるもの。この外になにも格物窮理するには及ばない。

これで、古本に返す大意は尽きたようなもの。

※私見：大学の要は誠意のみで、その誠意の仕事は格物のみ。誠意の極は、至善に止まるのみ、つまり太虚の本体に返ること。その至善に止まるが出来ているかどうかの規準は、致知のみということ。つまり、誠意と格物・致知は切っても切り離せないものということ。

◆方谷文

此節、上句は極の字眼目なり。極とは、誠意を爲しつめた極を云ふ意に非ずして、誠意の本體の極なり。尚本體のつまりと云ふ如し。至善とは、何物もなき大虚の處にて、無善無惡の時なり。故に此至善は、未だ意の発せぬ前なり、其至善の場より流出し來るものは皆善なり。其善を一層推し極めて行かば、卽何物もなき大虚に至る、卽ち是れ極なり。

此大虚の何物もなき處より、自然に感應し來るものに非ざれば、眞の物に非ず。卽亦誠意の謂に非ざるなり。

止まるとは、其自然なりに來るものに從って、外に動かぬなり。然るに人若し自然なりに來るものより一層善をなさんと欲せば、是れ中庸の所謂「知者過レ之」の類にして、私欲となり、至善に止まるものに非ず。

故に大學は明徳親民の二つで、万物一体は濟み居れども、其二つが至善に止まらねばならぬと云ふ爲めに、至善の一條を置けるなり。

又た「止二至善一之則致知而已矣」の下句は、則の字眼目なり。則とは定木[R]手本と云ふ如し。凡そ物は自然の知[S]から動きて來る故、取りまえ處なく、如何なる事をなさんも知れぬやうなれど

---

R　定木：基準や手本となるもの。模範。規範。

S　知：みとめること。気づくこと。意識すること。感覚。知覚。さとること。たぐい（類）。つかさどること。見分けること。理解すること。関与すること。治めること。耳目の欲望。

も、物が自然なりに発すればT、鳥は飛んで淵に入らず、魚は潜って天に上らぬ如く、一々理Uに當たるものなり。此妙用Vに至ては、外物が、とても與り知る所に非ずして、そこに知と云ふものがありて、自然に其の知ったままに行くなり。此知は上に云へる良知良心にして、各形に従ふて存せり。

故に鳥は飛び、獣は走り、山は峙へる如く、人にも自然の理ありて、苟も理に當たらぬことあれば、良知が必ず心に不快を感ずべし。

故に良知の知れる通りに事を仕遂ぐるを、良知を致すと云ふ。即ち致知なり。致とは格物に外ならずして、仕事を仕遂ぐる謂なり。身を修むる人ならば、良知通りに身を修むれば、格物の仕事は濟みたるものなり。天下を治むる人も亦同じ。然るに宋儒などは、誠意格物を見損なひ、自然の感応では足らぬとなして、格物窮理を主張せり。是れ大なる間違ひなり。

誠意の處へ立ち返りさへすれば、格物は自らできるなり。誠意は本にて、格物は仕事なり。且つ格物は致知より出づるものにて、又致知格物は誠意中にあるものなり。此外になにも格物窮理するには及ばず。此迄にて古本に返す大意は盡きたやうなものである。

T　物が自然なりに発する：私見でＤＮＡの働き。
U　理：本質。原理。ことわり。道理。条理。本性。私見遺伝子ＤＮＡの為せる業。
V　妙用：巧妙なはたらき。霊妙な作用。

## 4　正心ハ復ル二其體一也。修身ハ著ス二其用一也。

正心（せいこころ）は其（そ）の体（たい）に復（かえ）るなり。修身（しゅうしん）は其（そ）の用（よう）に著（あらわ）すなり。

正心とは、至善は心の本体といえる至善のこと。其の体とは、さきの誠意の極の極の字であり、所謂太虚至善の処を指す。復るとは反ること。一身の私に落ちないことを復るという。誠意の極は、即ちその体に復ることで別に努力工夫を要するものではない。努力工夫を要するのは誠意だ。だから、正心は至善のことだ。至善は善なく悪なく、心の本体の処。

「修身は其の用に著す」とは、これは一つの格物であり著の字眼目。用は仕事のこと。誠意の仕事の目に見える処をいう。（※要するに修身は、誠意中の物（身）を事する（修）ことであり、目に見えるよう著す、ということ。）

◆方谷文

正心とは、至善は心の本躰と云へる至善のことなり。其躰とは、さきの誠意の極の極の字にして、所謂太虚至善の處を指す。復とは反なり。一身の私に落ちざるを復へると云ふ。誠意の極は、即ち其躰に復り、別に工夫を要せず。工夫を要するは誠意に在り。故に正心は至善なり。至善は善なく悪なく、心の本躰の處なり。

「修身著二其用一」とは、是れ一つの格物にして、著の字眼目なり。用は仕事なり。誠意の仕事の目に見える處を云ふ。要するに修身は誠意中の物にて、細説するに及ばず。

5　以テ言ヘバ二乎己ニ一謂ヒ二之ヲ明徳ト一、以テ言ヘバ二乎人ニ一謂フ二之ヲ親民ト一。以テ言ヘバレ乎二天地之間ニ一則備ハレリ矣。

以て己に言へば之を明徳と謂ひ、以て人に言へば之を親民と謂ふ。以て天地の間に言へば則ち備はれり。

この節は、言乎の二文字が眼目。ここは、場所によって名前が違うだけで実は一つの物だ。つまり、至善は己の処よりいうと明徳といい、人の処で言えば親民となる。人とは己の外天下皆人といい、親民とは天地万物一体をいう。

「以て天地の間に言えば、則ち備われり」とは、これは本源に溯って議論することで、天地の間の一大元気が常に活潑潑地として流動して止まないもので、その大気が凝結して形をなし始めて万物となり名を生じる。だから、己に形が落ちれば、形に拘泥して小になるものだ。無形ならば、陰陽造化の妙で、万物多くの種類が皆その中に備わっている。だから、天地の間に言えば備わるという。これらの学問が、真の学問であり、学問に大の字をつけた理由がここにある。

さて、これまでで大學の本文を掴み、あらましを説明したのでこれまでを一段落とする。

## ◆方谷文

此節、言平の二文字眼目にて重し。此處は唯場處に因って名目を立つるのみにして、実は一物なり。畢竟己は至善の處より言ふを以て明徳と云ひ、人の所で云へば親民となるなり。人とは己の外天下皆人にして、親民とは天地万物一体の謂なり。

「以言レ平二天地之間一備矣」とは、是れ本源に溯ぼれる議論にして、凡そ天地間一大元氣、常に活潑潑地流動して止まざるものにて、其大氣が凝結して形をなし、始めて万物の名生ず。而して己に形落つれば、形に拘泥して小になるものなり。無形なれば、陰陽造化の妙、万物品彙（ひんい）の衆[W]、皆其中に備はらざることなし。故に天地の間に言へば備はると云ふなり。凡そ此處より出づる学問が、眞の學問工夫にして、學問に大の字を下す所以、實に此に在り。さて是迄にて大學の本文を摘み、あらまし説明せり、故に之を一段落とす。

W　衆：おおい。数が多い。

# 第二章　古本大學の主意

6　是ノ故ニ至善也者心之本体也。動キテ而後ニ有リ二不善一。而本体之知未ダ二曾テ不ンバ一レ知ラ也。

是の故に至善なる者は心の本体なり。動きて後に不善有り。而して本体の知未だ曾て知らずんばあらざるなり。

ここまでは各名目に区分して説明したが、これからは、混ぜて説明する。「是の故に」の字を以て上を承ける。

至善とは、「至善に止まる」の至善。

本体とは、「正心は其の体に復る」の体をいう。そもそも人が形を結べば、必ず心を生じる。その心の本源を本体という。これを押しつめれば一太虚であり、何もない。しかし、心が物に触れ意念を発して形が生じれば、本体ということはできない。これは「動」だ。

その物に触れ感応する前を「静」という。至善のことだ。

それが感動して、形に落ちれば、とかく至善なりにはいかず、不善に流れやすいものだ。これを動いて後、不善ありという。

故に、善悪の名は、知覚感動して始めて出て来るものとする。しかし、動いて不善あるときは、本体つまり至善なりに出で来る「知」が知らないということはない。これを本体の「知」が、知らないわけはない、という。

しかし、荀子は性は悪といい、告子は義外といった。思うに荀子は、人が気質に任せれば不善となるのを見て、悪といった。告子は本体に義はなく、義は皆人が作ったものだとした。程子朱子に至っては、本体に理があるから、事々物々に窮理していかざるをえず。自然なりに従ってはかえって悪となるという。王子は自然の良知良心は善悪を知るとして、自然に任すことを主張する。これは新と古、朱子と王子の主張の違いで、よく注意すべきだ。王子は好んで朱子の説に異を唱えたわけではなく、様々なことを自分で経験して、その上でこうだと言ったのだ。でも本体が分からないで、自然なりでは不善になるのではないかと疑う者が多い。王学の高弟羅念庵ですら、初めは、我輩には現在良知がないので、自然に任すことはできず、天下の事実上について工夫しないわけにはいかないと言った。しかし、念庵が現在、良知ないのを以て自然に任すことができないと気付いたということは、それは即ち念庵の良知だと言えるものだ。ここはとくに原点にかえりながらよく考えることが要る。そもそも自然の良知によって知らる所は、西洋諸国に行っても決して違わないものだ。

◆方谷文

是迄は各名目を区分せしが、以下は之を混融す。因て是故の二字を以て上を承くるなり。至善とは、「止二至善一」の至善なり。本體とは、「正心復二其體一」の體を謂ふなり。凡そ人が形を結べば、必ず心を生ず、其心の本源をば本體と云ふ。又之を推しつむれば一大虚にて、なんにもなし、されども、心が既に物に觸れ、意念發して形が生ずれば、本體と云ふ可らず。卽ち動なり。

其の物に觸れ感應せざる前を靜と云ふ。卽至善なり、其れが感動して、形に落つれば、兎角至善なりに行かずして、不善に流れ易きものなり。是を動て後不善ありと謂ふ。されば善惡の名は、知覺感動ありて始めて出で來るものとす。然し、動て不善あるときは、本体のまま、卽ち至善なりに出で來る知が知らぬと云ふことなし。是れ本体の知知らざるなき所以なり。

然るに荀子は性惡と云ひ、告子は義外と云へり。蓋し荀子は人が気質にまかせば不善となるを見て惡と云ひしなり、告子は本体の處には義なく、義は皆人の作りたるものと見しなり。程子朱子に至ては、本体に理があるから、事々物々に窮理して、行かざる可らず、自然なりに從ひては却って惡となると云へり。王子は自然の良知は善惡を知るとなして、自然に任すことを主張されたり。是れ新古朱王の別ある所以にして、能く注意せざる可からず。王子は好みて異説をなせる如きもさにあらず、種々身に經歷し來り、慥に見し所ありて斯く言はれしものなり。然れども本體が分からねば、自然なりにしては不善にならんと疑ふ者多し。王學の高弟羅念庵の如きすら、初は、我輩は現成の良知なきを以て、自然に任す能はず、天下の事實上に就て工夫を下さざる可からずと云へり。然かし念庵が現成の良知なきを以て、自然に任かす能はずと氣のつきしは、即ち是れ念庵の良知なり。此處はとくに反覆熟考を要す。凡そ自然の良知が知り來る所は、西洋萬國に行くも決して違ふことなかるべし。

7　意者其動也。物者其事也。致二其本体之知一而動無二不善一。然非下卽二其事一而格上レ之、則亦無三以致二其知一。

意は其の動なり。物は其の事なり。其の本體の知を致して動かば不善無し。然るに其の事に卽いて之を格すに非ざれば、則ち亦以て其の知を致す無し。

意とは、初めの1章句の「大学の要は誠意のみ」という意のこと。
動とは、向こうに何物かあって意が感応し動くこと。
物とは、その本体が発動して為す所の事をいう。

X　反覆：元にもどすこと。

「其の本体の知を致す」とは、「至善に止まるの則は致知のみ」という致知のこと。即ち前に言った本体太虚の知が知る所の、知を致すということ。致すとは、一点も欠けたところがないよう本体の知った通りを推し致すということ。そうすれば、不善は消滅して動いて善とならないわけはない。でも、知を致すと言いながら、心に感じ触れ来る事物に就(つ)いて、定木と少しも違わないないよう格(ただ)し正しくできないなら、その知は空知であり、真の知ではない。だから、其の事に即いて格すのでなければ、その知を致すとは言えないということだ。

◆方谷文

意とは、初めに「大學之要誠意而已矣」と云へる意なり。動とは、向かふに何物かありて動くなり。物とは其本體が動いて爲す所の事を云ふ。「致㆓其本體之知㆒」とは、「止㆓至善㆒之則致知而已矣」と云へる致知のことなり。卽ち前に言ひし本體大虚の知が、知る所の知を致すなり。致とは一点の缺けなきやう本體の知った通りを推し致すなり。さすれば不善は消滅して動いて善ならざることなし。然れども知を致すと云ひながら、心に感じ觸れ來る事物に就いて、定木と毫厘も違はざるや如何と格し正しく行かざれば、其の知は則ち空知にて、眞の知に非ず。故に其事に卽いて格さざれば、其知を致すなしと云へるなり。

8　故致知者誠意之本也。格物者致知之實也。物格則知致意誠有三以復二其本體一。是之謂レ止二至善一。

故に致知は誠意の本なり。格物は致知の實なり。物格して則ち知を致して意を誠にするは以て其の本體に復る有り。是れを之れ至善に止まると謂ふ。

ここでは、致知格物と誠意との二つを合わせて一つの物だという意味を示している。良知を致し極める致知は、意念を誠実にする誠意の本源であり、事物を格正する格物は、致知の実際の仕事に当たるといっている。まとめると誠意で済むが、分けるなら致知が本となり、知を定木にしてわざをする格物が生じてくるということになる。この致知は誠意の本であり、格物は致知の実だ。また、格物は、致知よりいえば実の物となり、誠意より言えば工夫となるわけだ。以上は逆条目だが、「物格して則ち知を致して」以下は順条目である。即ち上を総括して、物を格正すれば本体の知は直に致し、其の知を致せば意が直に誠になって一身の私は消滅する。そして天地万物一体太虚の知に本づいて其の本体に復ることを得る。是を「至善に止まる」という。之に因って観ると、其の本体に復るということは、別に工夫は要しない。唯誠意の工夫をすれば、自ら本体の場に復るのだ。以上古本大學の主意を説いた所で、二段落とする。

◆方谷文

是處は、致知格物と誠意との二つを合はせて一物たる義を示し、良知を致し極むる致知は、意念を誠實にする誠意の本源にて、事物を格正する格物は致知の實功に當たると云ふなり。されば總べ言へば、誠意にてすめども、之を分てば致知が本となりて、其より知を定木にしてわざをする格物の生ずるなり。是れ致知は誠意の本にて、格物は致知の實となり、又格物は、致知より言へば實物にて、誠意より言へば工夫となる所以とす。以上は逆條目にて、「物格則知致」以下は順條目とす。卽ち上を總括して、物格正すれば本体の知直に致し、其知致せば意が直に誠になりて、一身の私は消滅して、天地萬物一体大虚の知に本つきて其本體に復ることを得、是卽ち「止二至善一」の謂なりと云ふなり。之に因て觀れば、其本體に復るは、別に工夫を要するに非ず、唯誠意の工夫をなせば、自ら本體の場に復るなり。以上は古本大學の主意を説ける所にて、二段落とする。

# 第三章　なぜ古本大學へ復るのか

**9**　聖人懼三人之求二之於一レ外二也。而反二覆其辭一。旧本析而聖人之意亡矣。

聖人(せいじん)は人(ひと)の之(これ)を外(そと)に求(もと)むるを懼(おそ)れて、其(そ)の辭(じ)を反覆(はんぷく)す。旧本析(きゅうほんわ)けて聖人(せいじん)の意亡(いうしな)ふ。

大学の本意は、これまでに述べた通りだが、後の世にその本意を失い、弊害が出て来たので、古本に復るべき由来を述べる。

聖人とは、この『大學』の書は必ず聖人より出たものとみて聖人とした。

人とは、天下人民のこと。

「外に求める」とは、根元である誠意の一念微妙なところを省察することなく、外より触れ来る物について吟味することをいう。

反覆とは、丁寧に精(くわ)しく言うこと。其の辞とは、朱子の新本の「伝」の所を指す。旧本とは、朱子の新本をいう説あるが、古本と見るべし。折とは分析の意味。そもそも『大學』は、分けて読むものではなく一気に読んで理解するもので、誠意の大本を説けば致知格物もその中に含まれるものなのに、朱子は間違っている。朱子は、欠文があるとして補伝を作り、又これは孔子の語、これは曽子の言ったことだなどといい、さらに一章一章に分けて、全体がばらばらになった。

　だから、聖人の意を亡うこととなった。つまり聖人が教えを立てた時の本意が亡びて見えなくなったという意味。

### ◆方谷文

大學の本意は、前文に述べし如し。然るに後世其本意を失ひ、弊害を生ぜしを以て、是より古本に復したる由來を述ぶるなり。聖人とは、此大學の書は必ず聖人より出でたるものと見て斯く言ふなり。人とは、天下人民なり。求於外とは、根元誠意の一念微妙を省察することをなさず、外より觸れ來る物につきて吟味するを云ふなり。反[Y]覆[Z]とは、丁寧に精しく云ふなり。其辭とは、即ち朱子新本にて伝と云へる所を指す。舊本とは、朱子の新本を云ふとの説あれども、古本と見るを可とす。析とは、分析の意にて、大學は一氣の文章にして、誠意の大本を説けば、致知格物も其中に含有せるに拘はらず、朱子は間違ひがある、缺文があるとて補傳を作り、又此は孔子の語なり、此は曾子の傳なりなどと云ひ、又一章々々に分かちて、全體がばらばらになれるを云ふなり。聖人之意亡矣とは、聖人立教

Y　反：更に。
Z　覆：明らかにする。しらべる。反覆：丁寧に精しくいうこと。

の本意が亡びて見えなくなったとの意なり。

**10　是故不レ務ニ於レ誠一レ意。而徒以格レ物者謂ニ之支一。**

是(こ)の故(ゆえ)に意(い)を誠(まこと)にするに務(つと)めず、徒(いたずら)に以(もっ)て物(もの)を格(ただ)すは之(これ)を支(し)と謂(い)ふ。

これよりは、書物の間違いだけでなく、『大學』の主意が間違いに至る訳を述べる。

務とは、「君子は本を務む」の務むのこと。『大學』の要は誠意だから、この誠意に力を入れるべき筈なのに、その大本をそのままにして、徒に外より感じ来る物に向かいその理を究めることを支、即ち「えだ」という。

支とは枝葉の意味で、誠意が自然なりに発せず、向こうの物ばかり究め、枝の末ばかりに目をつけて、治国平天下の大事をも、ただ事の先ばかり調べるようになって、その源は一だとは知らないことをいう。

だいたいその源の感応する意が誠なら、自然に条理[AA]が立って、格物しなければならなくなるもの

---

AA　条理：物事のすじみち。物事の道理

だ。その格物ができないのは、なお根本の研究[AB]が足りないからだ。その本源に溯って研究しないので、告子の義外[AC]とか、荀子の性悪とかいうようになる。朱子もこの類で、『大學』本文においてすら、ただ枝葉ばかりを研究し、本根の一なるを知らない。実に嘆息すべきことだ。このところをよく理解し味わうと、『大學』はいわゆる「其の意を誠にするは、自ら欺くなきなり」と、第一に力を入れて揚げてある意味が明白になる。

◆方谷文

是よりは、書物の間違ひのみならず、大學の主意が間違ひに至る譯を言ふなり。務とは、「君子務レ本」の務にして、言ふは大學の要誠意なれば、此誠意に力を入れるべき筈なるに、其大本を其儘にして、徒に外より感じ來る所の物に向かひて其理を究むるは、之を支（えだ）と謂ふなり。支とは枝葉の義にて、誠意の自然なりに發せずして、向こふの物ばかり究め、枝の末ばかりに目がつきて、治國平天下の大事をも、唯事のさきばかり調べるやうになりて、其源の一なるを知らぬことになるなり。

AB　根本の研究：意を誠にする研究。※私見で、腹の底からの誠意ある目的意識、使命観あれば、その実現のための筋道立った心込めた計画実践評価改善の格物しなければならなくなるはず。

AC　義外：告子は仁は心の内にあるが義は心の外にあると唱え、仁も義も心の内にあるとする孟子に批判された。

凡そ其源の感應する意が誠なれば、自然條理が立て、格物せねばならぬやうになるものなり。其格物ができざるは、猶根本の研究が足らぬ故なり。其本源に遡りて研究せざる故に、告子の義外とか、荀子の性悪とか云ふやうになる。朱子も此類にて、大學本文に於てすら、唯枝葉ばかりを研究し、本根の一なるを知らざるは、実に嘆息すべきことなり。此処を玩味[AD]せば、大學に謂はゆる、「誠㆓其意㆒者毋㆓自欺㆒也云々」と第一に力を入れて掲げある意が明白になるべし。

## 11　不㆑事㆓於格㆒㆑物而徒以誠㆑意者謂㆓之虚㆒。

物を格すを事とせず、徒に以て意を誠にするを之を虚と謂ふ。

ここでは、たとえ誠意を務めても、それが本当でなければ異端の学に陥るということを言っている。誠意の功は格物にあるにも拘わらず、格物を仕事とせず、ただ意ばかりを誠にせんとするのは、真の誠意ではない。ただ誠らしく見えるだけで、感応も何もかも邪になるから、これを「虚」という。この「虚」は太虚の「虚」とは大いに違い、ただ空虚にして何の益にもたたない「虚」である。すな

AD　玩味：よく理解し味わうこと。

わち万物は皆空虚だとみて、感応の大切なるところ[AE]を棄て去る仕方。仏老の学問は、皆これだ。漢唐諸儒もこれに陥り易い。老荘などの学は自然に任すをよしとして、今日の業には少しも構わず、仁や義には尚更意を用いず、大道廃して仁義興る[AF]などと唱え、仁義は聖人が作ったもので、至善に背くものだとした。仏家は、人倫にこだわらず、全く事物を捨て心を認めようとして、心のみに偏っている。これら仏も老も皆虚空の学であり、全く感応というものを棄てることで、天地万物殆ど無用のものとなる。虚に流される弊害も甚だしい。

### ◆方谷文

此處は、たとひ誠意を務むるも、眞味にならねば異端の學に陥るを云ふ。夫れ誠意の功は格物に在るに拘はらず、格物を仕事とせずして、唯意ばかりを誠にせんとするは、眞の誠意にあらず、唯誠らしく見ゆるまでにて、感應も何も角も邪になる故に、之を虚とは云ふなり。此處の虚は、大虚の虚とは大に違ひ、唯空虚にして、何の益にも立たぬ虚なり。即ち萬物皆空虚なるものと見て、感應の大切なる處を棄て去る仕方にて、佛老の學問は皆是なり。漢唐諸儒も此に陥り易し。老荘などの學は自然

---

AE　感応の大切さ：意が物に感応し動いて自然なりに良知良心なりにいき、至善に止まる大切さ

AF　大道廃して仁義興る：老子の考え方。無為自然の大いなる道が廃れたので、仁義の概念が生まれた。人の手を加えないで、何もせずあるがままにまかせることを理想とする無為自然の考え方。

に任すをよしとして、今日の業の上には少しも構ひつけず、仁や義には更に意を用ひず、大道廢して仁義興るなどと唱へ、仁義は聖人が作りたるものにして、自然に背くものと云へり。佛家は人倫に頓着せず、全く事物を捨てて心を認めんと欲し、心にのみ偏せり。是れ老も佛も皆虚空の學にして、全く感應と云ふものを棄つるを以て、天地萬物殆ど無用のものとなれり。虚に流るる弊も亦甚だしと謂ふべし。

**12　不㆑本㆓於致㆒㆑知而徒以格㆑物誠㆑意者謂㆓之妄㆒。**

知を致すに本づかず、徒に以て物を格し意を誠にするは之を妄と謂ふ。

ここは、格物誠意の工夫で事足るようだが、致知がなければならないことを明らかにするところだ。この知は、万物一体の知であり、この知覚に本づかずに、一身一国の知覚を以てすれば、誠意格物も一身一国の私意私物となる。これを「妄」[AG]という。
もし真の大虚より発すれば、大公至正、時に応じ処に応じて自然の法則が出てきて、真の格物誠意ができるものだ。およそ人は形を結べば必ず自然の知覚を有すものだ。その知覚は形以前の知覚、即

AG　妄：みだり。でたらめ。筋道のたたないこと。

ち世界の国々が生じる前の知覚なので万国の知覚ということができる。即ち先に述べた万物一体の知のことだ。これに反してある国ができれば、その国の知覚になる。その国の知覚になれば、一国に落ちたる知覚だから既に私となる。ある一国に落ちない知覚ならば、水が下に流れるような知覚で、真誠の知覚だ。この知覚ならば、世界のどの国に行っても差し支えることはない。

しかし、この知覚に本づかず、格物誠意をすれば、その誠意は一身の身勝手に落ちて、「妄」となる。即ちただ一つの流れに落ち込み、つかえて進まなくなった小さなものになる。

◆方谷文

此處は、格物誠意の工夫にて事足るやうなれども、又致知がなければならぬことを明にするなり。此知は萬物一体の知にて、此知覺に本づかずして、一身一國の知覺を以てすれば、誠意格物も一身一國の私意私物となる。之を妄と謂ふ。若しも眞の大虚より發すれば、大公至正、時に應じ處に應じて自然の法則が出で來りて、眞の格物誠意ができるなり。凡そ人は形を結べば必ず自然の知覺を有す。其知覺は形以前の知覺、卽ち世界萬國の生ぜぬ以前の知覺なれば又萬國の知覺と謂ふべく、卽ち上に云へる萬物一體の知なり。之に反して支那と云ふ國ができれば、支那の知覺になる、支那の知覺になれば、一國に落ちたる知覺にて、既に私なり。或る一國に落ちぬ知覺なれば、水の下に流るる如き知覺にて、眞誠の知覺なり。此知覺なれば、世界萬國に行くとも差支ゆることなし。然るに此知覺に本づかずして、格物誠意をすれば、その誠意は一身の身勝手に落ちて、妄となる、卽ち唯一流に落ち込み、小さな滞りたるものとなるなり。

### 13　支與レ虚與レ妄、其於二至善一也遠矣。

支と虚と妄、其れは至善に於ては遠なり。

遠とは、「至善に止まる」という止の字の反対で、支に陥るも、虚に流れるも、妄に落ちるも、皆至善の処とは全く遠ざかって偏ったところに落ちるということ。だから、聖人も、世の人がこの三つに陥るのを懼れて、その辞を反覆されたのだ。

◆方谷文

遠とは、「止二至善一」と云へる止字の反対にて、支に陥るも、虚に流るるも、妄に落つるも、皆至善の處とは全く遠ざかりて一偏に落つと云なり。されば聖人も、世人の此三者に陥るを懼れて、其辭を反覆されたものとす。

## 14 合レ之以レ敬而益綴。補レ之以レ傳而益離。

之に合わせて敬を以て益々綴け、之を補って傳を以て益々離れる。

ここでは朱子の論に反対している。合とは、外から物（敬のこと）を入れ合わせること。綴とは、つづけること。『大學』は誠意で固より足るところを朱子は、更に正心のところに居敬[AH]の説を入れ、これを続けようとしてかえって矛盾がでてきて続けられなくなった。この意味を知ろうと思えば朱子の或問を見ればいい。その説によれば、十五以下は小学で敬の工夫を教え、成人になれば大学に入れて治国平天下の理を教え敬の工夫を以て小学の工夫を補うという。だから、正心の処へ是非敬を入れる必要が生じる。しかし、これはかえって滞りを生じるだけでなく、『大學』に「人臣と為りては敬に止まる」といっているのは、君を敬する一事のことを言っているのであり、敬を正心の処に持って来るべきではない。補とは、繕い足す意味であり、朱子が加えた格物致知の補伝を指している。本文はもとより明らかなのに、これを補うために格物致知の伝を以てして、『大學』の本旨から益々離れるようになった。

AH　居敬：常に敬（つつしみ）の心がけを保持して徳性を涵養すること。窮理と並行する修養法として朱子学で重んじられた。

### ◆方谷文

是處は朱子を敵に取るなり。合とは、外より物を入れ合すなり。綴(てい)とはつづけるなり。言ふは誠意にて固より足れるを朱子は更に正心の處に居敬の説を入れ、之をつづけんとして却って綴に失ふに至ると云ふなり。此義を知らんと欲せば、朱子の或問を見るべし。其説に因れば、十五以下は小學にて敬の工夫を教へ、成人になれば大學に入れて治國天下の理を教へ、敬の工夫を以て小學の工夫を補ふと云へり。故に正心の處へ是非敬を入るる必要を生ずべし。然れども是れ却って滞りを生ずるのみならず、大學に「爲㆓人臣㆒止㆑於㆑敬」と云へるは、君を敬する一事の上にて云ひ、正心の處に持ち來るべきものに非ず。補とはつくろひ足す義にて、朱子が加へし格物致知の補傳を云ふなり。言ふは、本文固より明なるに拘らず、之を補緝(ほしゅう)するに格物致知の傳を以てして、離るるもの益々離るるに至ると云ふなり。

15　吾懼㆓學之日、遠㆒㆑於㆓至善㆒也。去㆓分章㆒而復㆓舊本㆒、傍爲㆓之釋㆒以引㆓其義㆒。

吾(われ)は學(がく)の日々(ひび)に至善(しぜん)に遠(とお)ざかるを懼(おそ)る。分章(ぶんしょう)を去(はな)れて舊本(きゅうほん)に復(かえ)り、傍(かたわ)らに之(これ)の釋(しゃく)を爲(な)し以(もっ)

て其の義を引く。

「吾は懼れる」とは、聖人も懼れられたが、吾も亦懼れる、と昔の聖人に続く意志を含んでいる。即ち先に述べた「支」と「虚」と「妄」の三者に落ちて、日々に至善に遠ざかるのを憂え懼れるのだ。「分章を去れる」とは、朱子が経と伝に分けて、章句を立てたのを止め、古本に戻すことを意味する。旧本とは、孔子の旧本。「傍らに之の釈を為す」とは、本文のそばに解釈を施すこと。引とは、『大學』の書は、文が簡潔で古いのでその意義を広げ興味づけ読まれるようにする、という意味であり、説明という意味とは異なる。義は訳で、解釈すること。

◆方谷文

吾懼とは、聖人も懼れられたるが、吾も亦懼れるとて、往聖に續く意を含むなり。卽ち上の支と虚と妄の三者に落ちて、日々に至善に遠ざかるを憂懼するなり。「去㆓分章㆒」とは、朱子が經傳を分かち、章句を立てたるを止め、古本に戻すことなり。舊本とは、孔子の舊本なり。「傍爲㆓之釋㆒」とは、本文の傍らに釋義を施すなり。引とは、大學の書は文が簡古なる故其意を長く引き延べると云ふ意にて、説く意とは異なれり。義は譯なり。

## 16　庶幾復見二聖人之心一、而求レ之者有二其要一。

庶幾し復りて聖人の心を見り之を求めるは、その要を有す。

庶幾とは、どうぞそうしたいという意味。旧本を析けて聖人の意が一度くらくなったけど、今ここに旧本に復ったので、再び聖人の心があらわれるようになった。

また、前の外に求める学者が悟って、更に聖人の心を求めるに肝腎の要点を見いだし得られるようにしたいと、冒頭開巻第一の「大学の要は云々」の要の字に応じさせている。

まず、ここまでで、序文の主張は済んだので、三段落とする。

◆方谷文

庶幾とは、どうぞさうしたいと云ふ意なり。言ふは、舊本析けて聖人の意一たび晦くなりしも、今茲に舊本に復したれば、此にて再び聖人の心が見はれるやうになり、又前の外に求める學者が悟りて、更に聖人の心を求めるに肝腎の要点を見出し得らるるやうにしたしとて、「開巻第一之要云々」の要字に應ぜしむるなり。先づ此迄にて、序文の意濟みたれば、三段落とす。

# 第四章　むすび

## 17　噫乃若レ致レ知、則存二乎心悟一。致レ知焉盡矣。

噫乃ち知を致す若きは、則ち心悟に存し、知を致して焉をか盡くさんか。

この句は、「百尺竿頭一歩を進む」[A-I]の文型で、王陽明の深い意味に向けたところだ。前に述べた、「誠意」、「致知」、「格物」などいろいろあるが、その中で、「致知」、即ち「良知を致す」の説は、我が心が自ら悟るのみだから、文章や言葉で言い表せないものだ。だから、「心悟に存す」と言って、外から仕向けることはできないことを示している。「尽くす」とは、自ら覚え悟る所あれば、大人の学はここにきわまって、ほかになにもないと言って最後の言としている。これを結末の四段落とする。

---

AⅠ　百尺竿頭一歩を進む：百尺の竿の先に達しているが、なおその上に一歩を進もうとすること。すでに努力・工夫を尽くしたうえに、さらに尽力すること。

ここまでで一通り『古本大學序』の講義を終わる。しかし、大切な「心悟」の処は、各自めいめいが求めて得られるもので、外からは如何ともできないこと。皆さんの奮発を期待する。

◆方谷文

此句、「百尺竿頭進二一歩一」の文法にして、王子大深意の寓する[AJ]處なり。前に述べたる所にて、誠意と云ひ、致知と云ひ、格物と云ひ、種々あれども、就中致知、卽良知を致す説の如きは、我心自ら悟るのみにして、筆舌に述ぶ可からず、故に「存レ乎二心悟一」と云ふて、外より致し難きを示すなり。盡矣とは、自ら覚悟する所あれば、則ち大人の學は茲に尽きて、外になにもないと言ひつめたるなり。之を結末の四段落とす。

右にて、一通り大學古本の序を講じ終はりたり。されども、大切なる心悟の処は、各々心に求め得べし、外よりは如何とも致し難し。

AJ　寓する：向ける。そそぐ。

# 古本大學講義

# 方谷講義のはじめに

だいたい古書は、混沌として草木の根や花の蕾のようなもので、全体をまとめて説明する必要がある。『大學』もその数に漏れない。でも後の人は、とかく細やかに説明し過ぎる傾向がある。鄭玄(じょうげん)[A]の注でさえ、古本とは違う所がある。宋[B]に至っては、理の学問が広がり『大學』の読み方も異なった。この弊害は少なくない。明[C]の時代になって、王陽明は、良知を以て実に詳しく説いたが、古の意とは違うところがなくはない。

だから、私が講義するのは、文脈やひびきに従って古本のままにしようと思う。例えば、私が説くのは、草木の根そのままを説こうと思う。朱子と王子は、已に花となり実となったものを説いている。古と今の違いは、たいていこのようなもので、ただ聖人の道だけではない。古書を読む者は、まずこ

A　鄭玄：後漢の大儒。漢代経学を集大成し、易・書・詩など主な経書に注す。（一二七～二〇〇）

B　宋：九六〇～一二七九。中国後周の将軍趙匡胤(ちょうきょういん)が建てた王朝。科挙官僚の文治政治。元に滅ぼされる北宋、南宋時代をいう。朱子（一一三〇～一二〇〇）の時代。

C　明：一三六八～一六四四。元朝を北方に追って建国。

のような心が要る。陽明の活用はこの度は講じないが、朱子の理も陽明の心も、皆含めている。

『大學』とは書の名前で、誰の著述か明らかではないが、孔子の門人かその流れの人の著作に違いない。『大學』の名は、中庸のように意味あるものではない。礼記[D]を編集する時、初めに大学の字があったので名づけたものだ。そして、中古の時代、埋もれて目立たなかったが、宋の程朱子が、大いにこれを尊んだ。眼力があったというべき。日本においても、清原頼業(きよはらよりなり)[E]も、大學、中庸を見て、後の世も必ずこの書を読むべきだと言った。頼業は程子と殆ど同時代の人だ。達見というべきだ。

○『大學』の「大」の字については、色々な説がある。漢[F]の鄭玄[G]は「泰」と訓(よ)み、たいした、たいそうな学問と読んだ。宋の時代まではこの説に従っていた。程子も別に確かな説はなかったが、朱子に至っては、大学校で教える書物と説くようになった。これは、いわゆる八歳以上は小学に入れ、十五歳以上は大学に入れるという説からきている。王陽明には別の説がある。「大」は大人の「大」

---

D　礼記：周（前一〇五〇〜前二五六）末から秦（前二二一〜前二〇六）・漢（前二〇六〜二二〇）の儒者の古礼を集めた書。四書・五経の一つ。

E　清原頼業：平安末期（一一二二〜一一八九）の貴族、儒学者。

F　漢：前漢（前二〇二〜後八）、後漢（二五〜二二〇）

G　鄭玄：一二七〜二〇〇。後漢の大儒。古文学者にして今文学(きんぶん)をも融合し体系的学説樹立。注解書は「周易」「尚書」「礼記」「論語」等々ほとんどの経書に及ぶ。

で、「大学」とは天地万物を以て一とする君子聖人の学だとした。このように諸説あるが、まず鄭玄をもっとも古に近いとする。すべて古書の名は、後の人が種々工夫したもので深い意味はない。論語もそうだ。

## ◆方谷文

大凡古書は混沌として、草木の根に於ける、花の蕾に於ける如きものなれば、全体を引き總べて説くを要す。大學の書も此數に漏れず。然るに後人は兎角細やかに説き過ぎる傾きあり。既に鄭玄の注さへ、古本とは違へる所あり。宋に至りては理學大に開け、大學の讀み方も從ふて異なり、其弊少なからず。明に至りて、陽明子は良知を以て之を説き、實に精微を極めたれども、亦古意に違ふ所なきに非ず。故に余の茲に講ぜんとするは、文理[H]文勢[I]に從ひ古本のままに依らんと欲するなり。譬へば、余の説く所は草木の根其の儘を説くなり。朱子や王子は、已に花となり實となれる所を説けるなり。古今の差異は大底斯の如きものにて、獨聖人の道のみに然るに非ず。古書を讀む者は、先づ此心あるを要す。されば、陽明の活用は、此度は講ぜざれども、朱子の理も、陽明の心も、皆此中に含み居れり。

H　文理：文脈。文章のすじみち。
I　文勢：文のひびき

大學とは書の名にして、誰の著述なるや明らかならざれども、孔門者流の著には相違なからん。大學の名は、中庸などの如く意あるに非ずして、禮記を編むとき、初に大學の名ありしを以て名づけたるなり。中古湮没（いんぼつ）[J]して顯れざりしが宋の程朱子に至り、大に之を尊崇するに至りしは、眼力あるものと云ふべし。我朝の清原頼業も、大學中庸を見て、後世必ず之を讀むものあらんと言ひしが、頼業は程子と殆ど其時代を同じくせり。是亦達見と云ふべし

○大學の大字に就いては、種々説あり。漢の鄭玄は泰[K]と訓し、たいした、たいさうな學問と讀めり。宋の世までは其説に從ひ来り、程子も別に確説はなかりしが、朱子に至りて、大學校で教ふる書物と説くに至れり。是れは所謂八歳以上小學に入れ、十五歳以上は大學に入れると云ふ説より來れるなり。王陽明は別に一説あり。曰く、大は大人の大なり。大學とは天地萬物を以て一となす君子聖人の學なりと。斯（か）く衆説[L]あれども先づ鄭玄を尤も古に近しとす。總べて古書の名は、後人が種々工夫する如き深意あるものに非ず、論語の如きも之が通例なり。

J　湮没：沈み隠れてなくなること。

K　泰：きわめて大きい。ゆたか。やすらか。のびのびしている。落ち着いている。

L　衆説：多くの人たちの意見や主張。

# 第一章　概要

## 三綱領、六条目・致知格物

### 1　大學之道。在㆑明㆓明徳㆒。

大學(だいがく)の道(みち)は明徳(めいとく)を明(あき)らかにするに在(あ)り。

だいたい文は、各々一章一章で見るものもあり、一篇で見るものもある。論語は一章一章で読む文で、この『大學』は一篇で読む文だ。故に終わりまで一気に読むべきだ。また、文により、まとめから細説へ、細説からまとめの構造となっている。この『大學』は、まとめから細説への構造文だから、後に説く所は皆初めは軽く説いて、読むに従って自ら明らかとなり分かるようになる。

○道の字は、やはり方法という意味で理解し軽く看るのがよい。徳は得なり、自分のものとなって自由自在に使えるものをいう。借り物ではだめだ。明とは、徳の形式だけの呼び方。明らかにするとは、工夫努力のことだ。人はこの明徳を明らかにすることが肝腎である。けれども、これを明らかにしようとすると、まず、身を修めなければならないことを忘れてはならない。
○明徳については、朱子と王陽明の説は異なる。朱子は明徳を心に属し心の中に理を見出し徳を理で説いた。故に理学という。だけど古の人の徳というのは、心の上だけではない。陽明もまた心に属して説いたが、理学を出さない処が朱子とは異なる。

◆方谷文

大凡文は一章を以て見るべきあり、一篇を以て見るべきあり。論語の如きは、一章の文なり。此の書は一篇の文なり、故に終りまで一氣に讀まざる可からず。又文に大より小に入ると、小より大に入るとあり。此の書は大より小に入る文なれば、後に説く所は皆初めは輕く説くを要す。讀むに從ひて自ら分明なるべし。
○道の字は、猶方法と云ふ如し、輕く看るべし。徳は得なり、我物になりて自由自在に使ひ得らるるものなり。借り物の如くにては不可なり。明とは、徳の名目なり。明らかにするとは、工夫なり。人は此明徳を明らかにするが肝腎なり。されども之を明らかにせんとすれば、先づ身を修むべきを忘る可からず。
○明徳に就いては、朱王子の説各異なれり。朱子は明徳を心に屬し、心の中に理を見出し、徳を理にて説けり、故に理學と云ふ。されども古人が徳を云へるは、心の上のみ云へるに非ず。陽明も又心に属して説けども、理學を出さざる處が朱子に異なれり。

## 2 在レ親レ民。

民（たみ）に親（した）しむに在（あ）り。

親の字に諸説あるが、新の字の間違いか、もしかすると同音の漢字を共通の意味で用いているのかもしれない。古書では通用する例は多い。新に解釈すると、後の15章句「湯の盤の銘・・康誥に曰く・・」の章に能くあてはまる。しかし、陽明は親愛の親に作り、万物一体の仁とみたが、後の文になって合わないことが出て来るので新と説くのを可とする。民は、我が身の外は皆民。親も子も民。家国天下はただちに民。「新にす」とは、以下の家斉い国治まり天下平らかの処に当たる。

（※私感　指導者・リーダーが自ら明徳を明らかにし徳を積む努力をし、そして他と心通い合わせ信頼関係を築き民に親しんだ結果として、民は自ら主体的に動き働くようになるのではないか。だから、湯盤康誥章で指導者の湯が自ら日々徳を新たにしたことを説き、そして『書経』康誥（こうこう）篇では、武王の弟康叔が衛の国の君主に任じられたとき、成王[M]に代わって周公[N]が康叔に教訓を与えた。「文王は正しいことをし弱い人を助けるなどよく自ら徳を積まれ信頼された。すると民は自ら生き生きと生活し働くように、新たになる。（それは家斉うことであり、国治まることであり、天下平らかになることである）」と説き訓示したのではないか。）

◆方谷文

親の字、諸説あれども、新の字の違ひか、但し[O]は音通[P]ならん。古書に通用せる例多し。新に解けば、後の湯盤康誥の章に能く適すべし。然るを陽明は親愛の親に作り、萬物一体の仁と見れども、後の文に至りて合はぬことが出て來る故に新と説くを可とす。民は、我が身の外は皆民なり、親も子も民なり、家國天下は直ぐに民なり。新にすとは、即ち下の家齊ひ國治まり天下平らかの處に當たる。

---

M　成王：武王の子。周の第二代の王。
N　周公：文王の子。名は旦。兄の武王を助け紂を滅ぼす。
O　但し：もしかすると。あるいは。
P　音通：同一字音の漢字を共通の意味で用いること。

## 3　在ㇾ止㆓於至善㆒。

至善（しぜん）に止（とど）まるに在（あ）り。

この一条は、前述の二ヶ条と並べて三綱領としているが、実は二綱領のことで、明徳親民の外に、この一条があるのではない。

○至善には諸説あるが、後文にあるように、人の君なら仁に止まり、人の子なら孝に止まり、人臣なら敬に止まるを指すことに外ならない。人君で言えば仁を以て直ちに至善と見てよい。止まるとは、その処に止まって外に動かないことだ。朱子は至善を理で説き[Q]、王子は無善無悪を至善[R]という。これはそれぞれの考え方だ。

○これより後の修身正心、誠意は明徳にあたり、斉家治国平天下は親民にあたる。

---

Q　至善を理で説く（朱子）：至善を事理の当然の極として、物事の理（道理）のそれ以外には考えようがない真実そのものと説いた。

R　無善無悪の至善：伝習録下巻黄省曾所録。四句訣「善無く悪無きは是心の体、善有り悪有りは是意の動、善を知り悪を知るは是良知、善を為し悪を去るは是格物」

◆方谷文

此一條は、上の二ヶ條と並べて三綱領とすれども、実は二綱領の如きものにて、明徳親民の外に此一條あるに非ず。

○至善には諸説あれども、後文にある人君ならば仁に止まり、人子ならば孝に止まり、人臣ならば敬に止まるを指すに外ならず。人君で言へば仁を以て直ぐ至善と見て可なり。止まるとは、其處に止まって外に動かぬなり。朱子は至善を理にて説き、王子は無善無惡を至善と云へり。是れ其家學と知るべし。

○是より後の修身正心、誠意は明徳に當たり、齊家治國平天下は親民に當たる。

4　知レ止而后有レ定。定而后能靜。靜而后能安。安而后能慮。慮而后能得。

止まるを知りて后定まる有り。定まりて后能く靜かなり。靜かにして后能く安し。安くして后能く慮る。慮りて后能く得。

ここ及びこれより下の節は、致知格物を説いている。ここの「知」の字は、下節の「先後する所を知る」の知の字と、「先ず其の知を致す」の知の字とが、文脈が自然に連なっていることを知ることができる。修身正心、誠意は明徳に当たり、斉家治国平天下は親民に当たり、この処は致知格物に当たり、これで八条目の説明は全部終わる。

朱子は致知格物の説明がないので、抜け落ちている部分があるとして補伝を作った。また陽明は、誠意章の中に、致知格物を説いてあるとした。けれども、致知格物は、ここにあるとみてよい。

○「止まるを知る」とは、すぐ前の章「至善に止まる」の意を受けて説く文勢で、明徳親民は至善に止まらねばならないということについては、「どこに止まるのか其の止まる場所を知る」ことが大切となる。例えば、人の父となっては慈に止まることを知り、人の子となっては孝に止まることを知るように。さて、これを知れば、意が定まって迷わない。迷わなければ静かになる。静かになれば心落ち着いて安らぐ。心落ち着いて安らげば、善き考えも出てくる。この善き考えが出るようになれば、物事思うようになって、格物致知の成果を得るようになる。ここに至れば、上の「止まるを知ったこと」がついに出来上がるということになる。

定静安慮のこの四つは、知と得との間にある橋渡しで、致知の「致」にあたる。

○止の字は、理学でいえば「理」の在る処に止まり、知は窮めていくことになる。王子より言えば、人の心の感応は正しく、様々に変化しことごとく道をはずれない。故にここから他に心を動かさないようにしていけば「良知を致す」は陽明学の頭脳でありそれはここにきわまる。けれどもその処に私念が生じれば、必ず分別なく行動するようになり、止まる処を得られなくなるのだ。

## ◆方谷文

此處及び下節は、致知格物を説くなり。此處の知の字、下節の「知レ所二先後一」の知字と、「先致二其知一」の知字と文理自然に相連なれるを以て知るべし。修身正心、誠意は明徳に當たり、齊家治國平天下は親民に當たり、此處は致知格物に當たり、斯くして八條目は全く終わるべし。朱子は致知格物の説明なきを以て、脱簡ありとして補傳を作る。又陽明は、誠意章の中に、致知格物を説いてあるとなせり。されども致知格物は、此處に在ると見て宜し

○知止とは、すぐ前章の意を受けて説ける文勢にて、明徳親民は至善に止まらねばならぬについては、其止まる場所を知るが肝要となる。例せば人の父となりては慈に止むるを知り、人の子となりては孝に止まるを知る如し。さて之を知れば、意が定まりて迷はず。迷はざれば静かになる。静になれば心落ち着いて安くなる。心が落ち着いて安んずれば、善き考へもでる。此考へがでるやうになれば、物事思ふようになりて、之を得るとは云ふなり。此に至れば、上の止まるを知ったことが愈(いよいよ)出來上がりたるなり。定静安慮の四ツは、知と得との間に在る橋渡しにて、致知の致に當たる。

○止の字は、理學より言へば理の在る處に止まり、知は窮めて行くことになる。王子より言へば、人心の感應は正しく、千變萬化盡(ことごと)く道をはずれぬものなり。故に此處より他に心を動かさぬやうにし

て行けば、「致二良知一」とて王學の頭脳此に盡く。されども其處に私念が生ずれば、必ず妄動[S]することになり、止まる處を得ざるに至る。

## 5　物有二本末一。事有二終始一。知レ所二先後一則近レ道矣。

物に本末有り。事に終始有り。先後する所を知れば則ち道に近し。

ここでは、「格物」の「物」がでてきた。元来『大學』に「格物」の説明がないので、色々な人が様々なことを述べ紛糾してきたのだが、実はここに「格物」を説いているのだ。「物」とは、天下・国・家・身・心・意の六つは皆「物」で、「格物」の「物」はこれに外ならない。本末の字は、一冊の書『大學』の主眼であり、「本」は樹木の根であり、生長するに従って枝葉を生じる。これが「末」である。かの六つの「物」に皆「本末」がある。このことを分けることが大切である。

「事に終始有り」とは、「事」は「物」についての仕事であり、平天下だったら、「平」は仕事だといえる。家国なら、斉と治が仕事ということになる。「終始」とは、本末と同じで、「物」については本末とい

S　妄動：無分別に事を起こす。

い、「仕事」については終始という。

「先後する所を知る」とは、手を下すべき前後を知るということだ。事の前後を知らなければ、どこから手を下したらいいのかわからない。

「道に近し」とは、大学の道に近いという意味。道の字は前後相応じている。
○さて、前節とここは、致知格物を説いているのだが、「致」字「格」字が無いのでこれを疑う人もいるかもしれない。しかし、「致」字は、前文の定静安慮の四字でその意味を知ることができた。「格」字は、ここで知ることができる。元来「格」字には種々の説があり、朱子は「いたる」と解し、王子は「ただす」と解し、鄭玄は鬼神来格（きしんらいかく）[T]の意味で「きたす」と説いたが、王子の説を善しとする。明の楊誠斎は、格子の格と見て、格子が一本一本順にはまって乱れない意味に解いたが、「ただす」と見れば、別に格子の説を引き出さなくても、もとより順をくるわさない意味がある。
このように、大きく見ては明徳親民より、小さく見ては六条目の前後の順序を乱さないようにしていけば、これが致知格物だ。

まず、このように大筋を説いて、のちに誠意の条に至るのが順だ。故にここはどこまでも致知格物を説くものとみることができる。

T　鬼神来格：神霊が降り来ること

◆方谷文

此處にて、格物の物が出て來れり。元来大學に格物の説明なきを以て、諸家の紛紜(ふんうん)U を生ずれども、實は此處に說きある譯なり。物とは、天下國家身心意の六者卽ち物なり。格物の物是に外ならず。本末の字は、一部大學の主眼にて、本は樹木の根なり。生長するに從ひて枝葉を生ず。是卽ち末なり。彼六物皆本末ありて、之を分かつが大切なることなり。

「事有㆓終始㆒」とは、事は物に就いての仕事にて、平天下なれば、平は仕事なり。家國なれば、治と齊とは仕事なり。終始とは、つまり本末と云ふに同じけれども、物に就いては本末と云ひ、仕事に就いては終始と云ふなり。

「知㆑所㆓先後㆒」とは、手を下すべき前後を知ることなり。凡そ事の前後を知らざれば、手の下し處なし。

「近㆑道」とは、大學の道に近しとの意なり。道の字前後相應ぜり。

○さて前節及此處は、致知格物を説くと云ひしが、或は致字格字なきを以て、之を疑ふものあらん。然れども致字は前文の定靜安慮の四字にて其意を知るべし。格字は此處にて知るを得ん。元来格字に

U　紛紜：入り乱れているさま。多いさま。

は種々の説ありて、朱子はいたると解し、王子はただすと解し、鄭玄は鬼神來格の意を以て、きたすと説けども、王子の説を善しとす。明の楊誠齋は、格子の格と見て、格子が一本々々順にはまりて乱れざる意に解けども、ただすと見れば、別に格子の説を引き出さずとも、固より順のくるはぬやうにする意あり。

　斯くて、大は明徳親民より、小は六條目の前後次第を亂さぬやうにして行けば、是れ致知格物なり。先づ斯様に大筋を説いて、然る後誠意の條に至るが順なり。故に此處はどこまでも致知格物を説くものと看るを可とす。

6　古之欲レ明三明徳於二天下一者、先治二其國一。欲レ治二其國一者、先齊二其家一。欲レ齊二其家一者、先修二其身一。欲レ修二其身一者、先正二其心一。欲レ正二其心一者、先誠二其意一。欲レ誠二其意一者、先致二其知一。致レ知在レ格レ物。

古の明徳を天下に明らかにせんと欲する者は、先づ其の國を治む。其の國を治めんと欲する者は、先づ其の家を齊う。其の家を齊えんと欲する者は、先づ其の身を修む。其の身を修めんと欲する者は、先づ其の心を正しうす。其の心を正しうせんと欲する者は、先づ其の意を誠にす。其の意を誠にせんと欲する者は、先づ其の知を致す。知を致すは物を格すに在り。

　ここ及び下二節は、また致知格物をいっているが、細説すれば、前説は主に致知を説いて、この節以下は主に格物を説いている。

明徳とは、前にでた明徳のこと。

「古の天下を平らかに欲せんとする者」と言わず、「古の明徳を天下に明らかにせんと欲する者」と言っているのは、ずいぶん優れた表現の仕方だ。欲するとは、それぞれの人が現在の立場において、その為すべきことを自然に感応してくるもので、天子は天下を平らかにしようと欲し、人々は家を斉えようと欲するというように。このように欲しなかったら、その立場を虚しくするだけだ。

　さて、物には一つ一つ順序があって、古の明徳を天下に明らかにして天下を平らにしようとする人は、必ず先ず其の国を治めた。「治」字は「理」字と同じく、制令や法などでそれぞれ筋道を立てることをいう。国とは、古代封建の世では城下という意味だ。天子だったら、畿内千里[V]の天子が直に支配する地のこと。

またその国を治めようと欲すれば、国よりも近い自分の家があるので、先ず家を斉える。家とは親族全体のこと。「斉」とは一家一門の中、あつさうすさの並びや順序が狂わないことをいう。

でも、家より身がもっと近い。だから、家を斉える前に、先ず其の身を修める。修めるとは、家のこわれたのを修繕するように、人の身を修復し本に戻すことである。人には両手両足体全てに皆自然の働きがあり自然なりに動くことができるはずなのに、どうしても怠りや過ちを生じてくるので、それを善く修復して本に戻すことだ。しかし、人は自分の身を修めずして、我が身以外の物を修めようとするものだ。これは自然の感応ではない。

さて、手はものを持ち足は歩くことから、治国平天下に至るまで、皆心に本づかないものはない。だから、身を修めようとすると、先ず其の心を正しくしないわけにはいかない。「正」とは、偏らず寄りかからず、真直ぐにいくことをいう。だいたい、心は、形なく声もなく喜怒哀楽の七情[W]から好悪を生じ、好悪から身勝手な私念を生じ、遂には身は修まらず天下は平らかにならなくなる。だから、

V　畿内千里：都付近で城から四方五百里以内の特別行政区。
W　七情：礼記では、喜怒哀懼愛悪欲。

身に先だって心を正しくせざるを得ない。

また、心の中には意[X]がある。「意」は心の働き出る処で、人間感応の本である。人間は常に感じつめているものであり、死か眠っているかでなければ感応せずにはおられないものである。

だから、心を正しくしようとすると、先ず意を誠にしないわけにはいかない。「誠」とは、明徳を明らかにする根本であり、その工夫努力するところは、9章句「自ら欺く毋きなり」（毋㆓自欺㆒）にある。

だから、その意を誠にしようと欲すれば、またその知を致さざるを得ないことになる。

「知」とは、物を知り弁(わきま)える[Y]こと。「致す」とは、推し[Z]つめ[AA]推しつめ定静安慮の場に至ることだ。

故に「知を致そうと欲す」れば、また物を格さざるを得なくなる。けれども、致知格物は、二者に分けられるものではなく、物とは天下国家身心意の六者をいい、「格」とはその先後順序を正しくすることであり、「物を格す」は、即ち格物と知ることができる。

故に上文の例を変じて、「其の知を致さんと欲する者は、先づ其の物を格す」といわないで、直に「知を致すは物を格す」といい、二者の前後はないことを示している。書き方すぐれてたくみということ

X　心の中：私感として、自然なりに動こうとする欲、感情、そして意があると思う。全てあってこそ人間。
Y　弁える：よく判断してふるまう。
Z　推す：推進する。前へ押すこと。
AA　つめる：きわみに至らせる。ぎりぎりの所まで押し進める。知を推しつめるは、至善に止まるの意か。

ができる。この致知格物は、『大學』工夫努力の上で手を下す処だから、軽々しく看過すべきではない。

◆方谷文

此處及下二節は、又致知格物を云へるなれども、細説すれば、前説は主に致知を説き、此節以下は主に格物を説くなり。明徳とは、前に出でたる明徳なり。「古之欲レ平二天下一者」と云はずして、「古之欲レ明二明徳於二天下一者」と云ひしは、餘程奇抜なる筆法とす。欲するとは、各人現在の位置につき、其爲すべきことを自然に感應し來るの謂にて、天子は天下を平にせんと欲し、諸人は家を齊へんと欲する如し。此なければ其の位を虚しくするなり。さて物には段々順序ありて、古の明徳を天下に明らかにして天下を平にせんとする人は、必先づ其國を治むとなり。治字は理字と同じく、制令法度等夫夫筋道の立つを云ふ。國とは古代封建の世にて城下と云ふ如し。天子なれば畿内[AB]千里にして、天子直支配の地なり。又其國を治めんと欲せば、國よりも近き自己の家あれば、先づ家を齊ふ。家とは親族一切なり。齊とは一家一門の中、厚薄の次第順序狂はざるを云ふ。然れども家よりは身を尤近しとす、故に家を齊ふる前、先づ其身を修む。修むとは、家の破れたるを繕ひ直す如く、人の四肢[AC]

AB　畿内：昔中国で、王都を中心として四方五〇〇里の天子直属の地のこと。
AC　四肢：両手両足。

百體[AD]自然の働きあれば、自然なりに動くべき筈なれども、是非闕げ[AE]を生じ來るを以て、其れを善く修復して本に戻すなり。然るに人は我一身を修めずして、身外の物を修めんとするものなり。是自然の感應に非ず。さて又手の持ち足の歩むより、治國平天下に至るまで、皆心に本づかざるなし、故に身を修めんと欲すれば先其心を正しくせざる可からず。正とは、偏せず倚[AF]せず、眞直に行くを云ふ。凡そ心は形なく聲なきも、喜怒哀楽の七情[AG]を借りて好悪生じ、好悪より私念生じ、遂に身は修まらず天下は平らかならぬこととなる。故に身に先たちて心を正しくせざる可からず。而して心の中又意あり。意は心の働き出づる處にて、人間感應の本となり。人間は常に感じつめるものにて、死か睡かに非ざれば感應せずに居るものならず。故に心を正しくせんとすれば、先づ意を誠にせざる可からず。而して誠とは明徳を明らかにする根本にて、其工夫は毋二自欺一に在り。故に其意を誠にせんと欲すれば、又其知を致さざる可からず。知とは物を知り辨へ[AH]、致すとは推しつめ推しつめて定静

AD　百体：身体を構成している様々な部分
AE　闕げ：おこたる。欠け。過ち。
AF　倚す：寄りかかる。頼る。依存する。
AG　七情：礼記では、喜怒哀懼愛悪欲。仏教では喜怒哀楽愛悪欲。心情の動きの総称
AH　弁える：わける。よりわける。明らかにする。しらべる。処理する。ただす。準備する。人として当然知っているべきを身につけている。自分の置かれた立場をよく理解する。

安慮の場に至るなり。故に知を致さんと欲せば、又物を格さざる可からず。されども致知格物は、二者相分かるるに非ずして、物とは天下國家身心意の六者を云ひ、格とは其先後順序を正しくすることにて、物を格すは卽ち格物と知るべし。故に上文の例を変じ、「欲レ致二其知一者先格二其物一」と云はずして、直に「致レ知在レ格レ物」と云ひ、二者の前後なきを示せり。書法妙と云ふべし。此致知格物は、大學工夫の上に於て手を下す處なれば、輕々に看過す可からず。

7　**物格而后知至。知至而后意誠。意誠而后心正。心正而后身修。身修而后家齊。家齊而后國治。國治而后天下平。**

物格して后知至る。知至りて后意誠なり。意誠にして后心正し。心正しくして后身修まる。身修まりて后家齊う。家齊いて后國治まる。國治まりて后天下平らかなり。

朱子は前節を逆条目といい、この節を順条目といった。この意味を味わうべきだ。前節は、「欲」の字「先」の字を以て逆に説き落としていき、この節は「而后」の二字を以て、順に説き上げ、終わりに平天下と言って、結果を顕し、上文の「古の明徳を天下に明らかにせんと欲する者」のところへ戻している。ここに至れば我が明徳が天下に明らかになって、我と天下と、遂に一体となる。ということは、身と天下とは一物にして二物、二物にして一物であり、間髪を容れようがない。

意が一寸進めば、心身家国天下一寸だけ進むものだと知ることができる。後が進んで前が進まない理はなく、前が止まっているのに後が動く理はない。もし「先」の字、「而后」の字などに拘り、胸中に前後上下の区分を置けば、それは文章の法知らないもので、これらの字は、ただ文章に勢いをつけ、つやをつけただけなのだ。これは大切なところであり、善く考慮すべきだ。
○この節の文義は、前節を順に説いているだけだから、別に講述する必要はないと思う。

◆方谷文

朱子は、前節を逆条目と云ひ、此節を順条目と云へり。味ふ可し。前節は、欲の字先の字を以て逆に説き落とし、此節は而后の二字を以て、順に説き上げ、終りに天下平と云ふて効驗[AⅠ]を顯はし、上文の「古之欲㆑明㆔明徳於㆓天下㆒者」と云ひし處へ戻すなり。茲に至れば、我明徳が天下に明になりて、吾と天下と、遂に一体となれり。されば身と天下とは一物にして二物、二物にして一物、其間髪を容れず。意が一寸進めば、心身家國天下亦一寸だけ進むものと知るべし。後が進みて前の進まぬ理なく、

AⅠ　効験：物事の結果が現れること。ききめ。効能。

前が止まって後の動く理なし。若し先の字、而后の字などに拘はり、胸中に前後上下の区分を置かば、是れ文章の法を知らざるものにて、此らの字は、唯文章に勢を取り、つやをつけしまでなり。ここは大切なる處なれば、善く考慮すべし。

○此節の文義は、前節を順説したるまでなれば、別に講述するを要せざるべし。

8　自㆓天子㆒以至㆓於庶人㆒、壹是皆以㆑修㆑身爲㆑本。其本亂而末治者否矣。其所㆑厚者薄、而其所㆑薄者厚未㆓之有㆒也。此謂㆑知㆑本。此謂㆓知之至㆒也。

天子より以て庶人に至るまで、壹に是れ皆身を修めるを以て本と爲す。其の本亂れて末治まる者は否ず。其の厚くする所の者薄くして、其の薄くする所の者厚くするは未だ之有らざるなり。此れを本を知ると謂ふ。此れを知の至りと謂ふ。

天子とは、天下を平らにするものであり、庶人とは、文化・言語・生活様式などを共有する同族意識をもつ集団である多くの民族のこと即ち一家を営むもののことだ。「壹」の字は一切という意味。

「身を修めるを以て本と爲す」とは、元来誠意が本だが、ここは明徳親民に分けて前後相応じさせるために、修身を本といって、明徳を兼ねている。「其の本」の「本」は、即ち上の明徳のこと。「末治まる」の「末」は、即ち「親民」だ。以上は一正の筆で言い、「其の本亂れて」よりは一反の筆を用いて、裏面より適切に言っている。

「其の厚くする所」の「厚」は家に当たり、「其の薄くする所」の「薄」は国天下に当たる。一家親兄弟など血のつながりある中でも、皆厚薄があり、遠くなるほど情の感じる所が薄くなるものだ。けれども、この順序に反して、直ぐに国天下を治めようとするのは、人を巧みに欺くはかりごとの権術数であり、仁義を軽んじ武力策略で治めようとする覇道である。

「其の厚くする所云々」の句は、斉家より以下に当たり、即ち親民につながる。

「此れを本を知ると謂う」の句は、前に言った「物に本末有り」の一段を収めている。「本」は即ち「本末」の本のこと。

「知の至りなり」とは、「良知を致す」の出来上がったものだ。

○さて、ここまでで、致知格物を言い尽くした。「此れを本を知ると謂う」『此謂ㇾ知ㇾ本』の四字を「此れを物を格すと謂う『此謂ㇾ格ㇾ物』と書けば、分かりやすいのに、格物は致知に連れ添うものだから、其の意は「本を知る」の「本」字の中に備わっているはずなので、別に格物の字面を出さなかったのだ。

「知の至りなり」の「知」は、即ち上の「止まるを知る」「前後する所を知る」の「知」であり、致知につながる。このところの按排（あんばい）は、善く考えるべき。

以上を一大段落とする。

### ◆方谷文

天子とは、天下を平らにするもの、庶人とは、多くの民族卽ち一家を営むもの。壹の字は一切と云ふ意なり。「以㆑修㆑身爲㆑本」とは、元来誠意が本なれども、此處は明徳親民に分かちて前後相應じさする爲に、修身を本と云ふて、明徳を兼ぬるなり。其本の本は、卽ち上の明徳なり。末治の末は、卽ち親民なり。以上は一正の筆にて言ひ、其本亂よりは一反の筆を用ひ、裏面より適切に言ひたるなり。「其所厚」の厚は家に当たり、「其所薄」は國天下に当たる。一家骨肉中に在りても、又皆厚薄ありて、遠くなるほど情の感ずる所が薄くなるものなり。然るに此順序に反して、直ぐに國天下を治めんとするは、權謀術數[AJ]にて覇術の道なり。「其所厚云々」の句は、齊家より以下に當たりて、卽親民を結ぶなり。「此謂㆑知㆑本」の句は、前に云へる「物有㆓本末㆒」の一段を収む、本は卽ち本末の本なり。知之至也とは、「致㆓良知㆒」の出来上がりたるなり。

AJ　権謀術数：相手をたくみにあざむくはかりごと。種々の計略をめぐらすこと。

○さて此迄にて、致知格物の事を言ひ盡くせり。「此謂レ知レ本」の四字を「此謂レ格レ物」と書きあれば、至極分明なれども、格物は致知に添ふものなれば、其意は知本の本字の中に備はれるつもりにて、別に格物の字面を出さざりしならん。「知之至也」の知は、卽ち上の「知レ止。知レ所二前後一」の知にして、致知を結ぶなり。此處の安排は、善く考へざる可からず。

# 第二章　誠意

## 一、誠意とは

9　所謂誠㆓其意㆒者毋㆓自欺㆒也。如㆑悪㆓悪臭㆒、如㆑好㆓好色㆒、此之謂㆓自謙㆒。故君子必慎㆓其獨㆒也。

所謂其の意を誠にするとは、自ら欺く毋きなり。悪臭を悪むが如く、好色を好むが如く、此を之れ自ら謙くすと謂ふ。故に君子は必ず其の獨を慎むなり。

前段で、致知格物の説明が終わったので、ここからは誠意の工夫の細かい所の説明に移る。それなのに、朱子は、この間に致知格物の補伝を入れ、王子は致知格物をこの誠意中に含めるものとしたが、恐らくは古本の意ではない。

○さてここは、『大學』の大頭脳、中心を説き出すところだ。前に述べた六条目を分ければ修身が主意だが、その修身を分ければ誠意が主意となる。その誠意より心身家国天下となる。そうであるなら、誠意とは何ぞやと言えば、「自ら欺く毋きなり」【毋㆓自欺㆒】の三字に外ならない。「自ら」とは、我が身からということ。「欺く」とは、だますということ。「自らだます」というのは、奇妙かもしれないが、つまり、「意を曲げること」である。

たとえば他人と或る所へ行こうと約束し、その日になりいやになって約束を守らなければ、これは人を欺くことだ。

この事はこうしなければならない、この事はこうしてはならない、ということで、自然に感応するのを曲げてそのままの感応のままにしないのが、我が身を欺くということだ。

三歳ぐらいまでの乳幼児も、その親を愛することを知らぬことはない、と孟子も言った。これは人間生まれながらの自然のおもいで、生長するに従って益々親を愛したり兄を敬したりすることを知るはずだ。しかし、初めのころの一念動くところと、現在の我身に行うところと相違を生じるようになるのは、自ら欺くことだ。これが激しくなれば、父子争い、或は子が父を殺すことになったりして、初めの一念はまったくうそになってしまう。

元来、仁義礼智信の五常の道は、人の形を受けると共に自ずから備わるもので、鳥が飛んだり獣が走ったりするように、之を良知という。この良知は無念無想の中より、朝から晩まで出続けるものだ。

だから、人は必ず自ら善悪を知り、誰でも無礼不義は悪と知り、礼を尽くし日々の行状を正しくするは善だと誰もが思う。

しかし、人はおうおうにして初めに悪だと思った感念をうそにして、悪と思ったこともだんだんこれを行うようになる。この欺きをしらべて見るのを省察の工夫という。故に、誠意するということは、自ら欺かないことだ。けれども、この誠は無念無想中より起こるものだから、工夫を用いては真の誠ではない。今一層推しつめてみれば、誠は即ち自然なり。自然に発するのが「意」だ。故に人は自然のままにいかなければならないのに、動くことがあればうそがでてくる。そのうそを取り除きさえすれば自ら欺かないこととなる。

よって意を誠にするには仁義礼智信五常を行えとはいわず、特に「自ら欺く毋きなり」と教え、邪魔物を取り除くことに勉めさせるのだ。このように、善も悪も、大本は混沌とした太虚であり、善悪の別はない[AK]。太虚のままにいけば即自然であり、自然にいかない悪があるので、善の名もまた生じるのだ。『大學』を読む者は、先ず以上のように、人間一念の発する所の大頭脳を立てるべきだ。
○さて、「自ら欺く毋きなり」とはいかにすべきかといえば、悪臭を嫌うように、好色を好むように

---

AK　太虚で、善悪の別ない：伝習録下、黄省曾録(こうせいそう)115。善無く悪無きは是れ心の體、善有り悪有るは是れ意の動、善を知り悪を知るは是れ良知、善を爲し悪を去るは是れ格物。

する。悪臭は悪しき臭気を放ち、少しの間も鼻を向けることはできないものだ。このようなものはぜひとも誰もが身近なところから遠ざけてこれだけは「うそ」にはしない。これは自ら欺かないことだ。好色とは悪臭に対して、一般美のことで美人のことだけではなく、これもまた何人も「うそ」にはしない。本心からこれを好むものだ。

この好悪の念は、人から習って発するものではなく、人々は自然に知り、自然に成し遂げるものだ。そうすれば、人間万事この通りにいき、仁義礼智は、好色を好むが如く、不仁不義不礼不智は悪臭を悪むようにすれば、それでいい。

○「此れを之自ら謙い(こころよい)と謂う」とは、前の悪臭好色の例えに名をつけて「自謙(じけん)」という。謙とは、快だ、満足だと解し、その快が一時の快ではなく、十分に気持ちいいことだ。自謙とは、人の知ったことではなく、自分自身に心持よいことだから、「自」の字をつけたのだ。

およそ自分からしたいと思って、それができるほど面白いことはない。また、善くないと思うことをしてしまうほど、気持ち悪いものはない。さらに、しなければならないことをそのままに放っておくほど、いつまでも心地悪いものはない。故に「君子は必ず其の独を慎むなり」というのだ。慎独とは、意の動く一念の処を慎むことであり、学問工夫する処はここだ。古より人間自然のままに行い一点の違いもないのが君子であり、今日の学問修業は、この君子になること、人格の完成が主意だ。君子であろうとすると、この慎独の努力をなすべきだ。独とは、必ず人のいない処に限るのではない。一念の発する処、形もなく声もなく何にもない。これほど独なる処はない。この一念の動く処へ、しっかり力を入れて外さないようにすれば、乃ち慎独の努力工夫は成就する。学問もここに至って我身自ら為すもので、いかに聖人に従い頼んでも益はない。（学問は、自ら学ぶもので、点数を上げるだけの受験勉強だけでもなく、聖人に従うことでもなく、宗教でもない。自立を促し主体性を身に着け人格の完成を目指すものか）

○誠意が重要なことはこのようなことであるが、元来書物には大主意というものがある。この大学は、治国平天下を大主意とし、誠意をその根本とするものだから、誠意に傾いて治国平天下を疎かにすることがあってはならない。この主意を自分のものとしなければ（目的を自分のものとしなければ）、大学の一書を説くことはできない。（※私見：実用の成果を上げなければ説くことはできない。）

○大学の書は、いつの時代にできたのか明確にはわからないが、或は孟子時代かもしれない。『孟子』の「仁義」を説くのと、『大學』の「意」を説くのとは似ている。故にその説くところ始終本末よく備わっている。この始終本末を失えば、即ち巧みに人をあざむくはかりごとである権謀術数に陥る。基本は「誠意」であり、孟子の時代天下皆末のみに走った。故に根本より説き起こすところは、この書が本から説き始めて末の大なる処へ及んでいるのと同じだ。

◆方谷文

前段にて致知格物の説明終りたれば、是よりは誠意の工夫の細密なる處に移るなり。然るに朱子は、此間に致知格物の補傳を入れ、王子は致知格物を以て此處の誠意中に含めるものとなせども、恐らくは古本の意にあらざるべし。

○さて此處は大學の大頭腦[AL]を説き出す處なり。前に云へる六ヶ條を引き分くれば修身が主意なれども、其修身を引分くれば誠意が主意となり、誠意よりして心身家國天下ともなるなり。さらば誠意とは何ぞと云はば、「毋二自欺一」の三字に外ならず。自らとは我が身からと云ふ如し。欺くとはだますなり。自らだますと云ふは奇妙なるやうなれども、つまり意を曲げることにて、喩へば他人と或る處へ行かんと約束し、某日に至りいやになりて約を履まざれば、是れ人を欺くなり。又此事は斯くせねばならぬとか、此事は斯様にしては悪いとか、自然に感應し來るを、曲げて其儘にせぬは是れ我が躬を欺くなり。凡そ孩提[AM]（がいてい）の童も、其親を愛することを知らざるなしとは、孟子之を言へり、是れ人性自然の念慮にて、生長に従ひ、益（ますます）親の愛すべく兄の敬すべきを知り來るべし。然るに其の初め一念の動く處と、現在我が身に行ふ處と相違を生ずるやうになるは、自ら欺くなり。是が甚だしくなれば、父子相争ひ、或は子として父を殺すものあるに至り。初めの一念は全くうそに成りて來る。

AL　頭腦：識別したりはんだんしたりする力、頭の働き、知力。中心になっている人。
AM　孩提：孩は小児の笑い、提は抱かれること元來仁義五常[AN]の道は、人の形を受くると共に自ら備わりたるもの[AO]にて、鳥の飛び獣の走る如し、之を良知と云ふ。此良知は無念無想の中より、朝より晩まで出つめ居れり。故に人は必ず自ら善悪を知り、誰にでも無礼不義は悪と知り、礼を盡くし行状を正しくするは善と思はざるものなし。然るに人は往々初めに悪と思ひし感念をうそにして、悪と思ひしことを段々之を行ふやうになる。此欺きをしらべて見るを、省察[AP]の工夫と云ふ。故に誠意すると云ふことは、自ら欺かぬことなり。されども此誠は無念無想中より起こるものなれば、工夫を用ひては眞の誠に非ず。今一層推しつめて見れば、誠は卽ち自然なり、自然に發するは卽ち意なり。故に人は自然のままに行かねばならぬものなのに、動(やや)もすればうそがでる。其うそを取り除けさへすれば自ら欺かざることとなる。因て意を誠にするには、仁義五常を行へと言はずして、特に「毋二自欺一」と教へ、邪魔物を取り除くることに勉めしむるなり。是に因てみれば、善と言ひ悪と言へども、大本は混沌たる大虚にて、善悪の別なし。大虚のままに行けば卽ち自然にて、自然に行かざる悪ありて、善の名も亦生ずるのみ。大學を讀むものは、先づ以上の如くを見て、人間一念の發する所の大頭脳を立てざる可からず。

---

AN　五常：仁義礼智信。また、父母兄弟子の守る道として義慈友恭孝。

AO　仁義五常は生まれた時から自ら備わるもの：二〇一七年京都大学発表。ヒトは正義を肯定する心の徳性を生来的に持っている可能性がみえてきたと。

AP　省察：みずからかえりみて、その善悪、是非を考えること

○さて又「毋㆓自欺㆒」とはいかにすべきかと言へば、悪臭を悪む如く、好色を好む如くするなり。悪臭は悪しき臭気を放ち、しばしも鼻向けならぬものと知るべし。斯かるものは誰も是非身辺より遠ざけて、是れ許(ばか)りはうそにはせぬ、是れ自ら欺かぬなり。好色とは悪臭に対し、一般美の上にて云ひ、美人とのみは限らず、是も亦何人もうそにはせず、心之を好むべし。此好悪の念は、人に習ふて發するに非ず、人々自然に知り、自然に爲し遂げるものとす。されば人間萬事此通りに行き、仁義禮智は好色を好む如く、不仁不義不禮不智は悪臭を悪む如くなれば、其れにて宜しきなり。

○「此之謂㆓自謙㆒」とは、前の悪臭好色の喩に名をつけて自謙と云ふなり。謙とは快なり、足なりと解し、其快が一時の快に非ずして、十分にきみのよきことなり。自謙とは、人の知ったことに非ずして、自分自身に心持よきことなれば、自の字をつけたるなり。凡そ其身に爲さんと思ひしことを爲したるほど面白きことはなし、又善くないと思ひしことを爲したるほど、きみわるく、又せねばならぬことを其儘に打遣りたるほどいつまでも心地わるきものはなし。故に又「君子必愼㆓其獨㆒」とは言ふなり。愼獨とは、意の動く一念の處を愼むことにて、學問工夫の下し處は此に外ならず。古より人間自然の儘に行ひ、一点の違ひなきは君子にて、今日の學問修業は、此君子になるが主意なり。果たして君子たらんと欲せば、此愼獨の工夫を爲さざる可からず。獨とは、必ず人の居らぬ處と限るに非ず、一念の發する處は、形もなく、聲もなく、なんにもなし、是ほど獨なる處はなし。此一念の動く處へ、しっかと力を入れて、はづさぬやうにすれば、乃ち愼獨の工夫成就するなり。學問も此に至りては我身自ら爲すべく、いかに聖人に從ひ頼みても無益なり。

○さて誠意の重きことは斯の如くなれども、元來書物には大主意と云ふものあり。此大學は、治國平天下を大主意とし、誠意を其根本とせるものなれば、誠意に傾きて治國平天下を疎にすることある可からず。此主意を領[AQ]せざれば、大學一書遂に説き去る[AR]能はざるべし。

○大學の書は、何の世に出來たるものなるや、しかとは知らざれども、或は孟子時代なるやも知れず。孟子の仁義を説くや、大學の意を説くに似たり、故に其説く處始終本末能く備はれり。始終本末を失へば、乃ち權謀術數に陥る、基本は卽ち誠意にして、孟子の時天下皆末のみに走れり、故に根本より説き起こせる處、此書の本より説出して末の大なる處に及べるに同じ。

10　小人閑居爲㆓不善㆒、無㆑所㆑不㆑至。見㆓君子㆒而后厭然揜㆓其不善㆒、而著㆓其善㆒。人之視㆑己、如㆑見㆓其肺肝㆒然。則何益矣。此謂㆘誠㆓於中㆒形㆗於外㆖。故君子必愼㆓其獨㆒也。

小人閑居(しょうじんかんきょ)して不善(ふぜん)を爲(な)し、至(いた)らざる處無(ところな)し。君子(くんし)を見(み)て后厭然(のちえんぜん)として其(そ)の不善(ふぜん)を揜(おお)ひて其(そ)

---

AQ　領：自分のものとする。心に理解する。
AR　去る：・・・してのける。

の善を著す。人の己を見ること、其の肺肝を見るが如く然り。則ち何の益かあらん。此れを中に誠あれば外に形わると謂ふ。故に君子は必ず獨を愼むなり。

これより、君子はよく独りを慎むが、小人はこれを慎むことができないことを述べる。文法上でいえば、一正一反の法で、ここは裏面をいい、一反に当たる。

「小人」とは、自分一人の「私」に落ちて、大人の反対。

「閑居」は、人に交わらない独居の時をいう。小人も、人に交わる時は巧言令色をもって外を修飾するから、閑居の時を見るとよくわかる。

「不善」とは、何事にもそこに私が生じ、自然の感応でなく誠にならないものをいう。小人は、独居の時は、誰にも気兼ねすることなく思うままにどこまでも不善をしていく。悪を知っていないかと思えばそうではなく、君子の顔を見ると、厭然即ちベソベソと閉口して、俗にナメクジに塩をかけたようになり、その不善を覆い隠し、善を顕し君子に見せる。けれども、君子からこれをみると、肺や肝臓までよく透き通して見られるようなもので、小人が折角心配して隠しても、何の役にもたたないものだ。これぞ「中に誠あれば外に形わる」【誠㆑於㆑中形㆑於㆑外】という。

さて、朱子は、この「誠」字を小人の不善を為す処に指して説いているが、恐らくはそうではない。

つまり小人は誠がないから或は弱いから不善をなすと説いているが、恐らくそうではないということだ。即ち天然自然の人間誰にでも生まれながらに備わっている誠の良知をいうものだ。いかなる小人にでも、誠心がないことはない。君子を見て悪を揜（おお）い善を顕すのは、これは「誠」そのものだ。それゆえ小人は、いかにその不善を掩（おお）い隠そうとしても、胸中に隠している所があれば、必ずその心に不快を感じて、顔色挙動の間に顕れるものだ。これは、「外に形われる」【形二於外一】ということができるところだ。

「故に君子は必ずその独を慎むなり」【故君子必慎二其独一也】とは、再び君子を挙げて、小人はそのようにはいかないが、君子は大頭脳をもって、その独を慎むという。このように君子と小人の別を明らかにしている。小人も不善とみれば止め、善と思えば好色を好むが如くにすればいいのだが、慎独の工夫努力が無いので、到底ここには至れない。

### ◆方谷文

此より君子は能く獨を愼めども、小人は之を愼む能はざるを云ふなり。文法上にて云へば、一正一反の法にて、此處は裏面を以て言ひ、一反に當たるなり。小人とは、一己の私に落ちて、大人の反なり。閑居は、人に交はらぬ獨居の時を云ふ。小人も、人に交はる時は巧言令色を以て外を修飾する故に、閑居の時を見るに若くはなし[AS]。不善とは、何事に限らずそこに私が生じ、自然の感應に出でずして、誠ならざるものを云ふ。小人は、獨居の時は、誰に忌み憚る所なく、思ふ儘に不善を仕遂げ、どこまでも至らざる所なし。されば惡を知らぬかと思へば然らず、君子の顏を見ると、厭然卽ちベソベソと閉口して、俗に謂へるナメクジに鹽をかけたる如くになり、其不善を掩ひ隱し、善を顯はして君子に見せる。されども、君子より之を見れば、肺や肝の臟まで能く透き見らるるものにて、小人は折角心配して隱しても、何の益にも立たぬなり。此ぞ「誠レ於レ中形レ於レ外」と云ふべき處なり。さて朱子は、此誠字を小人の不善を爲す處に指し說けども、恐らくは然らず。卽ち天然自然の誠の良知を云へるものならん。いかなる小人にても、誠心なきものあらず。君子を見て惡を揜ひ善を顯はすは、是誠のみ。されば小人は、いかに其不善を掩はんとすれども、胸中に隱蔽せる所あれば、必ず其心に不快を感じて、顏色擧動の間に顯はるるものなり。是れ「形レ於レ外」と云ふべき處なり。「故君子必愼二其獨一」とは、再び君子を擧げて、小人は然らざれども、君子は大頭腦を握り、其獨を愼むと云ひ、君子小人の別を明にするなり。全体小人も、不善と見れば止め、善と思へば好色を好む如くに爲せば宜しけれども、愼獨の工夫なきを以て、到底此に至る能はざるなり。

---

AS　若くはなし：こしたことはない。勝ることはない。

## １１　曾子曰、十目所レ視、十手所レ指、其嚴乎。富潤レ屋、徳潤レ身、心廣體胖。故君子必誠二其意一。

曾子曰く、十目の視る所、十手の指さす所、其れ嚴なる乎と。

富は屋を潤し、徳は身を潤す。心廣く體胖かなり。故に君子は必ず其の意を誠にす。


曽子とは、孔子の弟子曽参のこと[AT]だ。ここに特に曽子の語を引用しているので、曽子の門人がこの『大學』を作ったという説もあるが、これは証拠とはならない。元来曽子は、よく工夫努力を心情や意図におく人で、この語が殊に優れているので、偶然ここに引用したまでのことだ。

「十目」とは、多くの人の目のことをいい、俗に十人が十人までというのに等しい。「十手」とは、一層重く、はや人が指さすようになることだ。

「其れ厳なる乎」【其厳乎】とは、小人は悪をおおい隠せても十人が十人彼が悪人だというようになれば、これほど厳しいものはない。これを「厳なる乎」【厳乎】という。曽子のこの語も、一念の動

---

AT　曽子：孔子より四六才若い弟子。孔子の孫子思は曽子に師事し、子思から孟子に教が伝わった。

く処を以ていう。必ずしも外面へ見出すことではない。

「富は屋を潤す」【富潤ㇾ屋】以下は、これを書いた人の語であり、曽子の語尾へ記し、益々誠意の工夫努力の必要性を明らかにしている。「富は屋を潤す」の句は、詩の起こりのようなもので、次の句を起こすものだ。「屋」の字は屋根のことだが、それに拘らずすべての外面のことと捉えるべき。富はよく家の外面を潤し、つやを生じさせるという。これは不思議なもので、実のところ富み豊かな家は、何となく光沢があり、暖かそうに見えるものだ。また外面が立派に見えても、実のところ豊かでない家は、何となく寒そうに見え、つやもない。これは、たとえであり、徳もまた同じようなことを引き起こす。徳とは、誠意を積み重ね我物とし得たものをいう。即ち豊富な家に金銀を貯蔵するようなものだ。金銀あれば屋に潤いを生じるように、内に徳あれば身に潤いを生じる。

「心廣く體胖かなり」【心廣體胖】とは、俯仰天地に恥じず[AU]、千万人に恥じるところがない気質をいう。孟子の「天地の間に塞がる」[AV]というのもこれだ。「体」とは手や足のこと。「胖か」とは、凝

AU　俯仰天地に恥じず：『孟子』尽心上篇20「君子に三楽有り」仰ぎて天に愧じず、俯して人に怍じるざるは二のたのしみなり。(常に正しい行いをしているため、天に対しても、人に対してもはじることがない。愧は心中に平常でないものを感じること。怍は、きまり悪く思うこと。音符の乍は酢に通じ心が酸っぱい酢の意。

AV　天地の間に塞がる：『孟子』公孫丑上篇2「浩然の気を養う」節にでる。天地の間にいっぱいに満ちる

り固まることなく、ゆったりとしていること。心が廣ければ、必ず体は胖かになるものだ。このようなことから徳が身を潤すことを知ることができる。（※誠意を積んで徳を自分のものとして身につけると心が広くなる。心広くなると身はゆったりし潤い健康で元気になる）

「故に君子は必ず其の意を誠にす」【故君子必誠二其意一】とは、徳の根本は誠意であり、国天下を治める功績も、皆これより出来るようになるから、更に君子を呼び起こして、誠意の重さをあらわしている。

さて、誠意の仕事は天下国家をも治めることで、そのための工夫努力する所は、「自ら欺く毋きなり」【毋二自欺一】の三字に帰す。そして途中好色悪臭の話から慎独に至って説いている。その行き届きようはどうか。それでも、十分とはしないで更に文を加え余りある思いを尽くしている。よく味わいたいものだ。

◆方谷文

曾子とは、孔子の弟子曾參なり。此處特に曾子の語を引けるため、曾子の門人が此大學を作りたるならんと云ふ説あれども、是は證據にはならず。全体曾子は能く工夫を心術上に用ひたる人にて、此

ようになる、との意味。

語殊に妙なれば、偶然此處に引きたるまでなり。十目とは衆目の謂にて、俗に十人が十人までと云ふに同じ。十手とは一層重く、はや人が指さしをするやうになるなり。「其嚴乎」とは、小人は惡を揜ひ隠せども、十人が十人まで彼は惡人なりと云ふやうになれば、是ほどおごそかなものはない。之を「嚴乎」とは言ふなり。曾子の此語も、一念の動く處を以て言ふなり。必ずしも外面へ発見するを要せず。「富潤レ屋」以下は、記者の語にして、曾子の語尾へ記し、益々誠意の工夫を明にするなり。「富潤レ屋」の句は、詩の興體の如きものにて、次の句を起こすなり。屋の字は本(もとも)と屋根のことなれども、拘らずに、總べて外面のことと見るべし。富は能く家の外面を潤し、つやを生ぜしむるを云ふなり。是は不思議なるものにて、内實富み豊かなる家は、何となく光澤あり、暖かそうに見え、又外面立派に見ゆるも、内實豊かならざる家は、何となく寒みしげに、つやなきものとは、是れ譬喩(ひゆ)にて、徳も亦同じきを引き起こすなり。徳とは、誠意を積みて我物とし得たるものを云ふ。卽ち豊富なる家に金銀を貯蔵せる如きものなり。金銀あれば屋に潤沢を生ずる如く、内に徳あれば身に潤沢を生ず。「心廣體胖」とは、之を形容して、俯仰天地に恥ぢず[AW]、外萬人に恥づる所なき氣象[AX]を云ふ。孟子の天地の間に塞がると云へるも是なり。「體」とは手足を稱す。「胖」とは凝り固まる處なく、ゆったりと

AW　俯仰天地に恥じず：孟子尽心上から。かえりみて、自分の心や行動に少しもはじるところがない。

AX　気象：気質。

して居ることなり。心が廣ければ、是非に[AY]體は胖かになるものなり。以て徳の身を潤すを知るべし。「故君子必誠二其意一」とは、徳の根本は誠意にして、國天下を治むる大功業[AZ]も、皆是より出づれば、更に君子を呼び起こして、誠意の重きを見はすなり。さて誠意の功は天下國家をも治むべく、其工夫は「毋二自欺一」の三字に帰し、中間好色惡臭の話より、愼獨に説き至る。其深切丁寧なる事如何ぞや。而して未だ足れりとせず、更に後文縷々其餘意を尽くせり。玩味すべき事にこそ。

12　詩云、瞻二彼淇澳一菉竹猗猗。有レ斐君子、如レ切如レ磋、如レ琢如レ磨。瑟兮僩兮、赫兮喧兮。有レ斐君子、終不レ可レ諠兮。如レ切如レ磋者道レ學也。如レ琢如レ磨者自修也。瑟兮僩兮者恂慄也。赫兮喧兮者威儀也。有レ斐君子、終不レ可レ諠者、道二盛德至善、民之不一レ能レ忘也。

AY　是非に：ある条件のもとでは、必ずそういう結果になると断定する意を表す語。
AZ　功業：功績。てがら。

詩[BA]に云はく、彼の淇の澳を瞻れば、菉竹猗猗たり。斐たる有る君子は、切するが如く磋するが如く、琢するが如く磨するが如し。瑟たり僩たり、赫たり喧[BB]たり。斐たる有る君子は、終に諠る可からず、と。

切するが如く磋するが如くとは、學を道ふなり。琢するが如く磨するが如くとは、自ら修むるなり。瑟たり僩たりとは、恂慄なり。赫たり喧たりとは、威儀なり。斐たる有る君子は、終に諠る可からずとは、盛徳至善にして民の忘る能はざるを道ふなり。

上文で誠意の工夫努力については十分に言い尽くしているが、以下詩を引用して解きほぐす。殊に二章も詩を引用しているのは、大いに意味のあることだ。だいたい詩を引用するのは、十二分に言い

---

BA　詩：詩とは五経の一つ詩経のこと。孔子の編とも言われている。詩三一一編を国風、雅、頌の三部に大別。国風は諸国の民謡一六〇編。雅は周の宮廷で奏せられた饗宴や儀式の歌一〇五編。頌は宗廟の祭祀に用いられた歌四〇編。この詩は、その詩経の国風の衛風の淇澳篇。

BB　喧：言葉で堂々と論ずること。日頃寡黙な人でも時に臨み堂々論述すること。

尽くそうとしても言い尽くせない時、詩を引用してそれを言い尽くすのだ。だから、「誠意」が、『大學』中もっとも大事なところなので、二度も詩を引用して言外の意味までも言い尽くそうとしているのだ。

もともとこの詩は、衛[BC]の、武公[BD]明君で国民が仰ぎ慕う意味を述べたものだが、ここによく合うので引用したのだ。「淇」とは川の名前で、その辺りは竹の名所。「澳」とは川の曲がった所。「瞻」は、見上げること。「猗々」とは、若く美しい姿。竹は若いほど美しいもの。あの淇の川の隈を見れば、若々しく美しい竹が見えると言って、その下文の武公の身に落とし込んでいる。これを詩の興体（きょうたい）[BE]という。「斐」とは、あやの明らかな姿。「君子」は武公を指し、竹が美しいように武公もあやがあってすぐれて美しい人だという。

「切するがごとく磋するがごとく」【如レ切如レ磋】とは、角を細工することにたとえ、あやがある有斐の君子となるわけをいい、暗に上の本末終始に当てる。切とは角を切ること。磋とはやすりを掛けこすること。「琢するが如く磨するがごとく」【如レ琢如レ磨】とは、玉細工にたとえ、まずのみで細工することを琢という。その後に砥石か砂でみがくのを磨という。

---

BC　衛：周代から春秋時代の列国の一つ。周の武王の弟康叔を祖とする。

BD　武公：周王朝の祖。文王の長子。弟周公旦を補佐とし、太公望を師とし、殷の紂王を討ち天下統一。

BE　興体：詩経の六義の一つである興（きょう）のこと。

このように細工は、粗い所から段々と仕上げていくものだ。君子になるのもまた同じだという意味がある。

「瑟たり僩たり」【瑟兮僩兮】とは、謹み深く静まった姿を「瑟」といい、「僩」とは、不安な姿でいつも慎む意味。

「赫たり喧たり」【赫兮喧兮】とは、火が燃えて光りが明らかなことを「赫」といい、行儀作法が形にあらわれていることをいう。また、辞のやかましいことを「喧」といい、その意味から行儀作法が行き渡るようにすることをいう。「兮」とは、置き字。上字が形容字なら、この字を添えて色をつけるのだ。以上武公の心の謹み深い処をいって、このような有斐の君子なら、いつまでも忘れならない、となるのだ。

「切するが如く磋するが如くとは學を道うなり」【如レ切如レ磋者道レ學也】以下は、前に引用した詩を解釈して『大學』に合体させたものだ。これが詩を引用するとき大切なところだ。いってみれば、上にいった「切磋」は学問のことを言ったもので、篇首の「大學之道」といった「學」にあたるものだ。「琢するが如く磨するが如くとは自ら修むるなり」【如レ琢如レ磨者自修也】とは、己の一念より起こって、よくその身を修めることを「自修」といい、上に言った「琢磨」がこれに当たる。「自修」は、前の「修身」であり、その工夫努力は、一念のわずかな「自ら欺く毋きなり」【毋二自欺一】の処より手を下すより外はない。

「瑟たり僴たりとは恂慄なり」【瑟兮僴兮者恂慄也】とは、「恂慄」は身がふるえることであり、「瑟僴」の二字はその形容。凡人が心から真実に謹めば、その身は自然に恂慄するものだ。「赫たり喧たりとは威儀なり」【赫兮喧兮者威儀也】とは、「威」は人これを畏れることで「儀」は人これを法とすること。国民が武公を見て畏れかつ慕うことを言ったものだ。そうすれば、「恂慄」は前の「慎獨」にあたり、「威儀」は「心廣く體胖なり」【心廣體胖】にあたる。

「盛徳至善民の忘るる能わざるを道うなり」【道二盛徳至善民之不一レ能レ忘也】とは、前の明徳が広く行き届き一点の欠けた所もないのを盛徳という。それが心身家国天下によく行き届いた状態を至善という。武公の誠意が家国天下に行き渡れば、国民はその徳を忘れることはできないということだ。

◆方谷文

上文にて誠意の工夫を十分に言盡くしたれば、以下詩を引いて其譯を云ふなり。殊に二章まで詩を引きしは、大に意あることなり。凡そ詩を引くは、十分言盡くさんとするも言切れぬ處へ引きて、其言ひ餘りを盡くすものとす。故に誠意は大學中尤も肝要の處なれば、兩度まで詩を引いて餘意を盡くせしなり。本と此詩は、衛の武公名君にして、国民の仰ぎ慕ふ意を述べしなるが、此處へ善く合ふを以て引き來るなり。淇は水名にて、其邊は竹の名所なり。澳は水の曲がりたる所なり。瞻は見あげること。猗猗とは若く美しき貌(かたち)なり。竹は若きほど美しきものとす。言ふはあの淇水の隈を見れば、若々しく美しき竹が見へるとて、下文武公の身上に落とし來るなり。之を詩の興體と云ふ。斐はあやの明らかなる貌、君子は武公を指し、竹の美しき如く武公も斐然秀美なる人と云ふなり。「如レ切如レ磋」は、角を以て細工するに喩へ、有斐の君子となりたる譯を言ひ、暗に上の本末終始に當つ。切とは角を切る事。磋とはやすりをかけてこすること。「如レ琢如レ磨」とは、玉細工に喩へ、先づのみを以て細工するを琢と云ふ、其後に砥石か砂にてみがくを磨と云ふ。斯くの如く細工を荒き處より段々と仕上げざる可からず。君子になるも亦之に同じとの意なり。「瑟兮僩兮」とは、謹み深く静まりたる貌を瑟と云ふ、僩は憪なり、不安の貌とて、油斷なく終始謹む意なり。「赫兮喧兮」とは、火のもへて光の明らかなるを赫と云ふ、卽ち行儀作法の形に見はれたる處なり。又辭のやかましきを喧と云ふ、其意を借りて行儀作法が行き渡るやうにすること。兮は置字なり。上字が形容字なれば、此字を添へて色を着けるなり。以上武公の心の謹み深き處を云ひ立て、斯く有斐の君子なれば、終わりまで心に忘れられぬとなり。「如レ切如レ磋者道レ學也」以下は、前に引ける詩を解釋して大學に合す。是が詩を引くに大切なる處なり。言ふは、上に言へる切磋は卽ち學問のことを言ふたるものなりとて、篇首の大學之道と云へる學に當てるなり。「如レ琢如レ磨者自修也」とは、己の一念より起こって、能く其身を修むるを自修と云ふ。上に云へる琢磨は此に當たるとなり、自修は卽修身にて、其工夫の一念の微なる「毋二自欺一」の處より手を下すに外ならず。「瑟兮僩兮者恂慄也」とは、恂慄は身がふるうことにて、瑟僩の二字は其形容なり。凡人が心から眞實に謹まば、其身自然に戰慄すべし。「赫兮喧兮者威儀也」

とは、威は人之を畏れ、儀は人之を法とす。国民が武公を見て畏れ且つ慕ふを言ふなり。されば恂慄は前の愼獨に當たり、威儀は心廣體胖に當たる。「道二盛德至善民之不一レ能レ忘也」とは、前の明德が廣く行届き、一点の缺なきを盛德と云ひ、心身家國天下に能く行届きたるを至善と云ひ、武公の誠意が家國天下に行渡りたれば、国民が其德を忘るる能はずと云ふなり。

13 詩云、於戲、前王不レ忘。君子賢二其賢一而親二其親一、小人樂二其樂一而利二其利一。此以没レ世不レ忘也。

詩[BF]に云はく、於戲、前王忘られず、と。

君子は其の賢を賢として其の親に親しみ、小人は其の樂しみを樂しみて其の利を利とす。

此を以て世を没するも忘れられざるなり。

BF　詩：詩経周頌烈文篇。頌とは宗廟の祭祀の楽歌。詩経は国風、雅、頌の三つ。

これもまた、文王[BG]の詩を引用して前の意味を付け足している。「於戯」は感心してほめ讃える辞。「前王」とは、国の文王であり、その文王の事を今の世になっても忘れなれないとほめたたえている詩。ではなぜ忘れられないかといえば、文王のおかげが広く行き渡っているからである。

「君子は其の賢を賢として」【君子賢㆓其賢㆒】とは、君子はその位に在ることで君子といい、前王より以下の賢王を指す。「其の賢」の「其」字は、前王を指し、後の賢王が前王の選び用いた賢人を賢として尊び敬し、其の親を親として親愛するのをいう。つまり、国を治める君子の位は、前王が選び用いた賢人がなり、その時の賢王がまた賢を賢とすると人々はその賢王をずっと尊敬し続ける。またその賢王は、民に親しみ親愛するので、ずっと太平の世はつづく、ということだ。

「小人」とは、下々の百姓（ひゃくせい）をいい、「其の楽しみを楽しむ」【楽㆓其楽㆒】とは、前王のおかげで太平に楽しめる楽を永く受ける意味だ。「其の利を利とす」【利㆓其利㆒】とは、商は交易を営み、農は耕し、皆己の思うままにして利益を利益として受けること。こうなれば、前王は世を去っても、そのおかげはいつの世までも忘れられない理由となると解釈できる。

さて、この詩は、親賢楽利の四字を以て、前王一代の事を十分に説き尽くしている。君子はよく

BG　文王：周王朝の基礎をつくった王。武王の父。殷に仕えて西伯と称し、勢い盛んとなり紂王に捕らえられたが、許され都を移した。人物・政治は儒家の模範とされる。子の武王は、殷の紂王を討ち周王朝を築いた。

上に法を行い（偏らず、感情だけにまかせず、公平公正に法に基づき対処する模範を示す）、下民に親しみ、また、小人は、下に和睦（心通じ合い、助け合い、秩序もって和やかに暮らす）すれば、天下は自ら平らかになる。これは誠意を説くのを主とすれば、治国平天下の意義は不用のように思われるかもしれないが、誠意は『大學』の大根本で、その極は平天下にまで至らなければならないので、このように説いている。

先ずここまでを小段落とする。朱子は、文章が前後しているとして種々入れ替えて古本とは大いに異なる。

◆方谷文

是亦文王の詩を引いて、前義を言ひ伸ばすなり。於戲は嘆美の辭。前王は國の文王にて、文王の事は今の世になりて忘れられぬと稱美[BH]したる詩なり。されば何故に忘れられぬかと云へば、文王のおかげが廣く行渡ってをるからなり。「君子賢二其賢一」とは、君子は在位を以て言ひ、前王より以下賢王を指さす。其賢の其字は、前王を指し、後の賢王が前王の選び用ひたる賢人を賢として尊び敬し、其親を親として親愛するを言ふ。小人とは、下々の百姓を云ひ、「樂二其樂一」とは前王の恩澤にて太

BH　称美：ほめたたえること。

平に樂しめる樂を永く受ける意なり。「利二其利一」とは、商は交易を営み、農は耕し、皆己の思ふ儘になせる利益を利益として受くることなり。かかれば、前王は世を去るも、其恩徳は何つの世までも忘れられぬ譯なりと解釋するなり。さて此詩は、親賢樂利の四字を以て、前王一代の事を十分に説き盡くせり。故に君子は能く上に法を行ひ、下民を親しみ、又小人は下に和睦すれば、天下は自ら平なるべし。此處は誠意を説くを主とすれば、治國平天下の義は不用の如くなれども、誠意は大學の大根本にて、其極は平天下にまで至らねばならぬ故、此に説き及びたるなり。先づ此處までにて小段落とす。朱子は錯簡ありとして、種々入れかへをなし、古本と大に異なれり。

## 二、三綱領の証拠

14　康誥曰、克明レ徳。大甲曰、顧二諟天之明命一。帝典曰、克明二峻徳一。皆自明也。

康誥に曰く、克く徳を明らかにす、と。大甲に曰く、諟の天の明命を顧みる、と。帝典に曰く、克く峻徳を明らかにす、と。皆自ら明らかにするなり。

ここより三綱領の証拠を挙げている。

「康誥」は書経の篇名であり、武王の弟周公が、武王の継嗣成王に代わって成王の叔父（武王の弟）康叔を衛の国主に任命する時に告げた辞だ。国を治めるには先ず我が身を修めるべきだ。だから、「克く徳を明らかにす」といっている。

大甲[BI]は、殷[BJ]の伊尹[BK]の辞だ。「諟の天の明命を顧みる」【顧二天明命一】とは、天子の位にいて天命に背いてはならない。ふり返りよく視ることだ、と。もしそこに一点の怠りあれば、「明命を顧みる」とは言うことはできない、と。

「帝典」とは、堯典[BL]のことだ。堯帝[BM]は自ら努力工夫して、広大な徳を明らかにしていった。

---

BI　大甲：書経商書大甲篇。湯王の後を嗣いだ大甲が名宰相伊尹の訓戒に従わず我儘な行いが多かった。そこで伊尹がこの書を作って大甲を戒めたのだ。

BJ　殷：湯王が夏の桀王を滅ぼしてたてた古代王朝。商と自称。紂王が周武王に滅ぼされる前一一世紀まで続く。

BK　伊尹：殷初の名宰相（総理大臣）。湯王を輔け夏の桀王を滅ぼし天下を平定。

BL　堯典：書経虞書堯典篇。この堯帝の功績を次の舜帝の時の官吏が書いたもの。

BM　堯帝：中国古代の伝説上の聖王。舜と並んで中国の理想的帝王とされている。

「皆自ら明らかにするなり」【皆自明也】とは、唐虞三代[BN]の君も、皆徳を自ら明らかにしようと努力工夫したことをあらわしている。「克」の字、「顧」の字皆自ら明らかの意を含み、「自」字は上の「自ら欺く毋きなり」【毋二自欺一】の自字よりきている。よって、明徳を明らかにするは、自ら工夫努力すべく、外より強い得られるものではないことをさとるべきだ。以上明徳のあかしを挙げている。

◆方谷文

是より三綱領の證據を擧ぐるなり。康誥は書經の篇名にて、周の文王が陽叔(周公[BO]が成王に代わって康叔[BP])に告げられたる辭なり。國を治むるには先我身を修めざるべからず。故に克く徳を明にすと云ひしなり。大甲は殷の伊尹の辭なり。「顧二諟天之明命一」とは、天子の位に居て天命に背いてはならぬと、ふり返り視ることなり。若しそこに一点の怠りあらば、明命を顧みると云ふ可からず。帝典とは堯典なり。堯帝が自ら工夫して、洪大の徳を明らかにするとなり。「皆自明也」は、唐虞三代の君も、皆自ら明にせんと工夫せることを見はすなり。克の字、顧の皆自明の意を含み、自字は上の「毋二自欺一」の自字より來れり。因って明徳を明にするは、自ら工夫すべく、外より強ひ得らるる者

---

BN　唐虞三代：堯・舜に夏・殷・周の三代を加えていう呼び名。
BO　周公：文王の子。名は旦。兄の武王を助けて紂を滅ぼす。武王死後は、甥の成王、その子康王を補佐。
BP　康叔：成王の叔父。武王の弟。新しく衛の国の君主としてこの康叔は置かれた。

に非ざることを喩るべし。以上明徳の證を擧げたるなり。

**15**　湯之盤銘曰、苟日新、日日新、又日新。康誥曰、作二新民一。詩曰、周雖二舊邦一、其命維新。

是故君子無レ所レ不レ用二其極一。

湯の盤の銘に曰く、苟に日に新たに、日々に新たに、又日に新たなり、と。康誥に曰く、民を作新す、と。詩に曰く、周は舊邦なりと雖も、其の命維れ新たなり、と。是の故に君子は其の極を用ひざる所無し。

これより下は新民の証であり、まず殷の湯王より周に至っている。盤とは湯で顔などを洗うたらいのことだ。古はこのような器具によく銘を彫っていた。だから盤の銘という。「苟に日に新た」【苟日新】の、苟は誠。うそ詐りなく、毎日湯で体を洗い清め、又日々に新にし、又其の上に毎日続けて誠を新たにすることだ。三句とも皆三字を用いている。苟の字、日の字、又の字、これらの字殊に用いて味がある。

「民を作新す」【作二新民一】とは、民を作新すと読むのが善い。民たる者容易に己より（徳を）明らかにしようとはしないので、上より気を奮い起こし盛んにする必要がある。これを「作新す」という。「詩に曰く云々」【詩曰云々】この詩は、周をうたったものだ。周は旧い国だけれども、文王武王に至ってその徳が明らかになったので、天命を受けて遂に天下を保ち、その天命は切り変わって新たになったという。

　まず以上三条を引用し、記者更に語を付けていうには、以上のように、「君子は其の極を用いざる所無し」【君子無レ所レ不レ用二其極一】と。君子は在位の人をいう。「極」は諸説あるけれども、まず「明徳」より「新民」に至り、「誠意」の極が平天下に至ったということだ。湯王、文王、武王、康叔はこの極を用いたので明徳の功が新民に至り誠意の極が平天下に広まったのだ。その「極」の字は、上の「自ら明らかにするなり」【自明】のところを指す。即ち「誠意の極」のことだ。

### ◆方谷文

　以下は新民の證にて、先づ殷湯よりして周に至るなり。盤とは湯沐（もく）のたらひなり。古は斯かる器具に往々銘を雕（きざま）れり、故に盤銘と云ふ。「苟日新」とは、苟は誠なり。言ふはうそ詐りなく、毎日湯を以て五體を洗ひ清め、又日々に新にし、又其上に毎日間斷なく新にするとなり。三句皆三字を用ひ、「苟」の字、「日」の字、「又」の字、殊に用ひ得て味あり。「作二新民一」とは、民を作新すと読むを善しとす。民たる者容易に己より明にせんとはせぬものゆへ、上より之を鼓舞振作するを要す、之を作新すと云ふ。「詩曰云々」此詩は周を詠じたるなり。周は舊國なれども、文武に至りて其徳が明になりたれば、天命を受けて遂に天下を保ち、其天命は茲に切り變て新になりしと云ふなり。先づ以上三條を引き、記者更に語を附して曰く、右の如くなれば、「君子無レ所レ不レ用二其極一」と。君子は在位の人を云ふ。「極」は諸説あれども、先づ明徳より新民に至り、誠意より平天下に至る至極の極と見るを善とす。湯王文武康叔は此極を用ひたればこそ、明徳の功が新民に至り、誠意の極が平天下に至りしなり。其極の字は、上の自明の處を指す、卽ち誠意の極なり。

16　詩云、邦畿千里、維民所レ止。詩云、緡蠻黄鳥、止二于丘隅一。子曰、於レ止知二其所一レ止。可二以レ人而不一レ如レ鳥乎。詩云、穆穆文王、於緝熙敬止。爲二人君一止二於仁一、爲二人臣一止二於敬一、爲二人子一止二於孝一、爲二人父一止二於慈一、與二国人一交止二於信一。

詩[BQ]に云はく、邦畿千里、維れ民の止まる所、と。詩[BR]に云はく、緡蠻たる黄鳥は、丘隅に止まる、と。子曰く、止まるに於て其の止まる所を知る。人を以てして鳥に如かざる可けんや、と。詩[BS]に云はく、穆穆たる文王は、於、緝熙にして敬して止まる、と。人の君と爲りては仁に止まり、人の臣と爲りては敬に止まり、人の子と爲りては孝に止まり、人の父と爲りては慈に止まり、国人と交はりては信に止まる、と。

以下「至善に止まる」の証である。

「邦畿千里」とは、中国古代の制度で、天下の都のある千里四方を「畿」といい、よく治まっている所をいう。ちなみに日本でも京都近くを「近畿」という。「惟れ民の止まる所」【惟民所レ止】とは、天下の民が王の徳に心から従い都に集まり、止まるところを得るという。なお天子のいる都にぎやか

BQ　詩：詩経商頌玄鳥篇。
BR　詩：詩経小雅緡蠻篇。
BS　詩：詩経大雅文王之什文王篇。

な地に人々が好んで集まるように。

「緡蠻云々」この詩は、詩を起こす興体で、緡蠻は囀(さえず)る声を現した文字で、黄鳥は鶯の類。この鶯が何處へ止まるか、山の隅の人が行かない所へ止まる。孔子はこの詩を評していう、「鶯は止まるべき所を知っている。人もまた止まるべきところがある。これを知らなければ鶯にも劣る」と。

「穆穆文王云々」この詩も止まる意義をいっている。「穆」[BT]は深遠の貌をいう。「於」は感嘆をあらわす辞。「緝[BU]熙[BV]」は、心の神秘的なものが常に現れているさまをいう。これを推しつめて言えば、

---

BT　穆：へんの禾（カ、いね）は、稲・麦・粟・稗・黍の五穀を総称して「禾」という。禾の字は、その穀が十分実ってどっしりと垂れた形を現したもので老熟した重厚な感じ。右のつくりは、白い玉が立派な台に安置されている形。玉の光はガラスや金属の表面的な光とは違い、深い所からでてくる。いかにも深みのある奥ゆかしい趣を覚える。

BU　緝：蚕の繭から糸を紡ぐとき、一本の線のようにいかにも気持ちよく、むらなく、切れることなくきれいな糸になる時と、途中ふしができたり、切れたりしてムラだらけの糸になる時がある。人間も一貫性があり継続性ある優れた人をいう。

BV　熙：春の日のようなやわらかな光をいう。自然界で、暑過ぎでも寒すぎでも万物生育に適さない。日常生活に長続きする春の日のようなやわらかな光こそいい。人間でも、寛厳ともに極端でなく、長続きしムラない春の日の光のような人。

「敬[BW]」の一字となる。故に「敬に止まる」という。「止」の字は、詩では虚字で使われるが、ここでは、「止まる」の意味で用いている。

「人の君となりては仁に止まる」【爲二人君一止二於仁一】以下は、『大學』を記した者の辞。文王の止まる場所はどこかと言えば、人君だから民に仁慈を加えるのが止まる場処ということになる。「人臣」なら、命を受け職務上の本分を勤める「敬」が止まる場処であり、文王が暴君の紂王に仕えたのは「敬」だ。子は親へ孝してよく仕え、親は子を慈しみ、一般国人と交われば真実を尽くして「信」が止まる場処。これらは皆止まる場処だ。これらは、初めの「止まるを知りて后定まる有り」【知レ止而后有レ定】という文に応じている。

だから、「止まるを知る」ということは、即ち致知だ。また、身を修め物に応じて知を致す場処がある。これを格物という。これを拡充すれば誠意正心修身斉家治国平天下の六者ができる。故に致知格物は、誠意の本であり、その工夫努力にあたることを知るべき。

さて、朱子は、このところなどを皆伝と見たが、下文の18章句「所謂云々」というところは、伝としての注釈とみておかしくないが、この明徳親民などを証明するところは、伝の文体ではない。か

---

ＢＷ　敬：①つつしむ、真心こめてつとめる。②つつしみ。うやまう、たっとんで礼をつくす。※高いものへの感情。偉人へのうやまう心、これは自分自身つつしむ心で敬虔な態度。低き「怠」「慢」に陥らない。『小學』内篇に「敬、怠に勝つ者は吉。怠、敬に勝つ者は滅ぶ」

つ12章句「淇の澳」の詩より下六章は、皆詩など他の事柄を引用して証拠としたに過ぎない。その中で、12章句「淇の澳を瞻れば菉竹猗猗」と13章句「於戯、前王忘れられず」の詩は、誠意を声に出し深く感動し、後の三章（14・15・16章句）は各明徳新民至善を証している。

### ◆方谷文

以下至善に止まるの證なり。邦畿千里とは、天下の畿内は千里の廣さあるを定法とす。「惟民所レ止」とは、天下の民、王者の徳に服して王都に聚り、其止まる處を得ると云ふなり。猶帝京[BX]繁華の地に、人々好みて集まる如し。「緡蠻云々」此詩は興體にして、緡蠻は囀ること、黄鳥は鶯の類。此鶯が何處へ止まるか、卽ち山の隅の人が行かぬ所へ止まる。孔子此詩を評して曰く、鶯は止まる可き處を知れり、人も亦止まるべき處あり、是を知らずば鶯にも劣ると。「穆穆たる文王云々」此詩も亦止まる義を云ふなり。「穆」は深遠の貌なり。「於」は歎辞。「緝[BY]熙[BZ]」は心の靈[CA]明が間斷なく著れ、明なること。是を押しつめて言へば、敬の一字なり。故に敬に止まると云ふなり。止の字、詩にありては

---

ＢＸ　帝京：天子のいる都。
ＢＹ　緝：やわらぐ。ひかる。かがやく。
ＢＺ　熙：光輝く。広まる。やわらぐ。たのしむ。
ＣＡ　霊：神秘的な力。不思議な力。たましい。

虚字なれども、茲に引いては止まるの義に借り用ふるなり。「爲二人君一止レ仁」以下は、記者の辭にて、文王の止まる場所は何處ならんと云へば、人君ならば民に仁慈を加ふるが止まる場處、人臣ならば命を受け職分を勤むる敬が止まる場處にて、文王の紂に仕へし如きは卽ち敬なり。子は親へ孝し、親は子を慈し、一般國人と交れば眞実を盡す。皆止まる場處なり。此處は初めの「知レ止而后有レ定」と云へる文に應ぜり。而て止を知るは卽ち致知なり。又身を修め物に應じ知を致す場所あり、之を格物と云ふ。之を拡充すれば、誠意正心修身齊家治國平天下の六者が出來る。故に致知格物は、誠意の本にて、其工夫に當たるを知るべし。さて朱子は此處など皆傳と見たれども、下文の「所謂云々」と云へる處のごときは、傳注と見て不可なきも、此の明徳新民などを證する處は、伝の文體に非ず。且淇澳の詩より下六章、皆引證せしに止まれり。就レ中淇澳と於戲の詩は、誠意を詠嘆し、後の三章は各明徳新民至善を證せり。

17　子曰、聽レ訟、吾猶レ人也。必也使レ無レ訟乎。無レ情者不レ得レ盡二其辭一。大畏二民志一。

　此謂レ知レ本。

子曰く、訟を聴くこと吾猶人のごときなり。必ずや訟無から使めんか、と。

情無き者は、其の辭を盡くすを得ず。大いに民の志を畏れしむ。此れを本を知ると謂ふ。

ここは、孔子の語を引用して明徳誠意の大根本を示している。この語は論語顔淵篇で民の訴訟を聴く上でのことについていう。孔子曰く、「私が訴訟をさばく上では、多くの人と同様だが、しいて違う所をいえば、人々が訴訟をしなくていいようにしてみたい」と。

「情無き者」【無レ情者】以下は、記者の辞。情は本心、即ち喜怒哀楽の自然より来るもの。悪人が訴訟などするとき、情を隠し外を粧い、巧に言い包めようとしても、案外辞を尽くし明晰に弁ずることはできないものだ。「民の志」【民志】とは、一般の人々の思うところ、思わくのことだ。「畏」とは、畏れかしこまってごもっともと服従することだ。偽りで言い包めようとしてもどうしてもできなくて、人は畏れかしこみ、自然に訴訟などはしなくなる、という意味だ。

「此れを本を知ると謂う」【此謂レ知レ本】とは、記者が孔子の語を引用し、さらにこの句を添えて、最後の誠意のいきつくところとなる。「本」とは、誠意のことだ。「情」は誠だ。「訟を聴くもの」に、仁義の誠がなければ、下のものはまた、虚偽をもってこれに対するようになるものだ。孔子の言は、己の誠をもって人を心服することに外ならない。これが「本を知るもの」ということができる。

しかし、これは、「訟」のみではなく、家国天下皆同様であり、この「誠意」の語でしめくくることができる。前、国天下に対して「修身」を本と言った。ここで「修身」より「誠意」におさまることになる。

　ここまでは、主に誠意を理解して、一冊の『大學』を「誠意」におさめた。だから、一大段落とし、以下は全く別段となる。あるいは上の「信に止まる」【止レ於レ信】（詩云。邦畿千里・・）の句で段落とする人もいるが、これはおだやかではない。
○結末の「此れを本を知ると謂う」【此謂レ知レ本】の下へ、前例（天子自り以て庶人に至るまで・・）のように、なぜ、「知の至りなり」【知之至也】の句を添えないかといえば、前文は致知格物の説明を主としていたから、「知の至りなり」といったのだ。ここでは、「誠意」を主とするので、右の句を添えるには及ばないのである。

◆方谷文
　此處は、孔子の語を引證して、明德誠意の大根本を示すなり。此語は論語に出で、民の訴訟を聽き分る上に就いて云ふ。孔子曰く、己れ訴訟をさばく上に於ては、多くの人と同様なれども、強ひて変わりたる所を云へば、下々のものが訴訟せぬやうにして見たしと。「無レ情者」以下は、記者の辭。情は本心。卽ち喜怒哀樂の自然より來るものなり。惡人が訴訟などするとき、情を隠し外を粧ひ、巧みに言ひ黒めん[CB]とすれども、存外辭を盡くし明晰に弁ずることは出來ぬものなり。民志とは、「国民一般の思わくなり。畏とは、畏れかしこまりて御尤もと服するなり。言ふは、僞りを以て言ひ黒めんと欲するも到底出來ざれば、人々畏れかしこみ、自然訴訟などせぬやうになるとの意なり。「此謂レ知レ本」とは、記者が孔子の語を引き、更に此句を添へて誠意の大結局になせるなり。本とは卽ち誠意なり。情は誠なり。訟を聽くもの仁義の誠なくば、下又虛僞を以て之に對せん。されど是れ獨り訟のみにあらず。孔子の言は、己の誠を以て人を服するに外ならず、此ぞ本を知る者と云ふべし。家國天下皆同様なれば、此語を以て誠意を結べるなり。前には國天下に対し修身を本と云へり。此には修身より誠意に落とし來るなり。此迄は主に誠意を解して、全く一部の大學を誠意へはめこまんとせり。故に一大段落とし、以下は全く別段なり。或は上の「止レ於レ信」の句を以て段落となす者あれども、是は妥（おだやか）ならず。

○結末の「此謂レ知レ本」の下へ、前例の如く何故に「知之至也」の句を添へざるかと云へば、前文は致知格物を主とするを以て、故に「知之至也」と云ひしも、此處は誠意を主とするを以て、右の句を添ふるに及ばざるなり。

---

CB　言い黒める：言い包（くる）める

# 第三章、正心・修身・斉家・治国

18　所レ謂修レ身在レ正二其心一者、身有レ所二忿懥一、則不レ得二其正一。有レ所二恐懼一、則不レ得二其正一。有レ所二好樂一、則不レ得二其正一。有レ所二憂患一、則不レ得二其正一。心不レ在レ焉、視而不レ見、聽而不レ聞、食而不レ知二其味一。此謂二修レ身在一レ正二其心一。

所謂(いわゆる)身(み)を修(おさ)むるには、其(そ)の心(こころ)を正(ただ)しくするに在(あ)りとは、身忿懥(みふんち)CCする所(ところ)有(あ)れば、則(すなわ)ち其(そ)の正(ただ)しきを得(え)ず、恐懼(きょうく)CDする所(ところ)有(あ)れば、則(すなわ)ち其(そ)の正(ただ)しきを得(え)ず。好樂(こうごう)する所(ところ)有(あ)れば、則(すなわ)ち其(そ)

CC　忿懥：怒りの最も甚だしいもの。人の最も止め難きもの。

CD　恐懼：一身が如何になるかと畏れ心配する事、こうなれば我心が自然と曲がり、未練を生じ、不義に陥り正を得ぬ事となる。

の正しきを得ず。憂患する所有れば、則ち其の正しきを得ず。心焉に在らざれば、視れども見えず聴けども聞こえず、食へども其の味を知らず。此れを身を修むるは其の心を正しくするに在りと謂ふ。

ここから下は、「正心」を、「修身」と鎖でつながるように結び付けて説明している。前文の「誠意」だけこのように結び付けて説明していないのは、「誠意は本」であるからだ。人々この形あれば、意があって知覚運動がある。工夫努力も一つの意で足る。心といい、身といい、家といい、皆意中に含まれる。一冊の『大學』ことごとく誠意の外に出ないので、文例は他に異なっている。心身は、皆、意中より小分けしているに過ぎない。故に二ヶ条ずつ綴り合わせ、つまり一物だということを示している。有形の身を修めようとすると、無形の心を真直ぐに正して、少しのゆがみもないようにするべき。これは、二つのありさまからみてお互い結び付いて離れられないことが十分分かる。程子がいうには、「身有る」の「身」字は、心に作るものだ、と。この説は、よろしくない。本文のままに講じるべきだ。「忿懥」とは、怒りの最も甚だしいもので、人が最も抑えにくいものだ。「其の正しき」の「其」字は心を指す。

そもそも人は五体が思うようにならず、難儀して、腹が立ってくるものだ。五体なければ怒ることもない。この五尺のかたちあればこそ、忿懥の情が生じる。情が生じれば、我が身にある心の正しい処も、曲がりひずみ、その正を得ることができない。もっとも、怒ることが悪いことではなく、聖人でも、怒りもすれば哀しみもする。ただ、怒るべき時に怒り、哀しむべき時には哀しみ、それが済めば何の痕跡も留めない。たとえば、くもりのない鏡である明鏡が、物を澄み清く映すように。後に引かないことだ。これを聖人の無心という。普通の人はそうはいかない。怒ればその心のために迷い、遂には一朝の怒りにその身を忘れるようになる。これは悪い事だ。この怒りも、この体より起こる。だから二者をつなぎ合わせ、身を先に言い、心を後に言っている。そのため、種々の説が生じているが、もともと心が正しければ、身が怒っても、怒り損なうことは出来ない。故に身を先に言っているのだ。

「恐懼」とは、一身がどうなるのかと畏れ心配する事で、そうなれば我心が自然と曲がってきて、遂には執着を生じ、不義に陥り、其の正を得ない事になる。

「好楽」とは、「好」は好きこのみ、「楽」は願う意味で、衣服飲食より名を求め利を好むという意味。皆一身より起こるものだ。そのため、遂に我心が正常でなくなり、その楽に耽り、欲に陥るようになる。

「憂患」は、恐懼と似ている。が、恐懼は眼前に来る場合をいい、憂患はさきのさきを心配する意味をいい、しかも心を乱しやすい。心乱れて「其の正を得ざれば」、身また従って修まらない。

以上四ヶ条を列記して、情のために身が修まらないようになることを説き、「心焉に在らざれば」【心不レ在レ焉】以下で、心を説明している。

心とは、上文の「其の正しさを得ず」【不レ得二其正一】というところの「心」のことだ。「焉」とは、「ここ」と読む。心の本筋即ち不動の場所を指す。恐懼憂患等のため、心が自然の正しさを得ず本筋不動の場所へ居ることができなければ、現在物を視ても見えず、声を聴いても聞こえず、飲食してもその味がわからないようになる。もし飲食してその味がわからなければ、心をそのところへ落ち着け、徐々に視、徐々に聴き、徐々に味わうことが肝要だ。だから、身を修めようとすれば、其の心を正しくするに在りという。

○ここの文体は、ずいぶん味がある。前文は、身の四病（忿懥、恐懼、好楽、憂患）に陥って、心が正しさを失うことを述べた。後文は、心が動いてここにないため、身が修まらないことをいう。これで、心身の二者が相結び付くことを知ることができる。

○さて、心を説明すれば意の問題が起こる。だから、古よりこの章には諸説あって容易ではない。まず、「意」が、天地万物の大根本であるのに、その奥にまた一つの心というものがある如く思えるので、心の出で来る処を「意」とする説がある。しかしこれはそうではない。すべて「意」の発する前に心があるはずがない。人にこの形があって、知覚運動するものが、「意」だ。この「意」を引き包んでいるのが「心」だ。例えば、一つの形を結ぶ前に、何か一物あるとしたら、これは「意」で、それが結んで形を成した処が「心」だ。「意」は心の「発」と言う説から、大きな間違いを生じ、心学などというて、必ず心を捉え、つかまえようとする誤った考えに陥るようになる。孟子の時、告子などはこの害があった。禅学もまた同じ。どんなに心を見ようとしても到底できないことだ。自分が、人間の努力工夫は意の発する処にあるというのは、それは、「意」は、知覚運動の始めであり、これより外に学問の努力工夫を下すところがないからだ。始めて動くのが「意」だ。動けば善悪を生じる。だから、省察[CE]を大切にするのだ。省察して善悪を見分けるのが良知だ。

このように第一に「意」が発動して、物に応じてさまざまに変化して止まらない。これをまとめて「心」という。「意」の前に「心」があると言うことはできない。

○これまでに述べたように、「意」発して後に善悪あれば、その悪を取り除いて自然に従うのが「誠意」だ。誠意の努力工夫は、自然を妨げる病を取り除くことに過ぎず、忿懥恐懼等の四者で言えば、人にこの四情があるのは当然で、すぐにこれで悪となすべきではない。もし、怒るべき時にかえって怒らず、恐れるべき時に恐れなければ、これはつくりごとであり、いつわりとなる。要するにこの四者は、自然の感応であり、聖人は尚更響かなければならない。ただこの四者について、つまるところ、病を生じるのを取り去る。つまり、四者のひずみある点を取り除くのだ。そうすれば、ひずみは何に

CE　省察：自分自身をかえりみてよく考えめぐらすこと。

よって生じるかといえば、前にもいったように、一身の形によって生じて來る。故に身を前(さ)きにいうのだ。

以下家を斉えるも同じことで、先の方より言い起して本へ推しつめる。親愛といい、賤悪といい、皆かなたに在るもので、辟するのは我の方に在る。我より辟しなければ差支えないのだ。

## ◆方谷文

以下正心を説明するにつき、修身とからみて言へる處宛(あたか)も鎖を以て物を繋げる如し。然るに前文誠意のみ然らざるは、誠意は本にて、人々此形あれば、意ありて知覺運動あり、工夫は一つの意にて足り、心と云、身と云、家と云、皆意中に含まれ、大學一部[CF]悉(ことごと)く誠意の外に出でざるを以て、文例他に異なるなり。心身は皆意中より小分けするに過ぎず、故に二ヶ条づつ綴り合はせ、つまり一物たるを示すなし。有形の身を修めんと欲せば、無形の心を直して、寸分のひづみなきやうにすべし。是れ二者相からみて離る可からざるを知るに足らん。程子曰く、身有の身字は心に作るべしと。此説宜しからず、本文の儘に講ずべし。忿懥とは、怒りの最も甚だしきものにて、人の最も止め難き所なり。其正の其字心を指す。凡そ人は五體が思ふやうにならずして難

---

CF　一部：書物の数え方。ひとそろえ。一冊。

儀する所[CG]より、腹が立て來るものとす。五體なければ怒ることもなし。此五尺の形体あればこそ、忿懥の情生ず。情生ずれば、我身に或る心の正しき處[CH]も、曲がりひづみて、其正を得ざる事となるべし。尤も怒るが惡しきに非ず、聖人たりとて、怒りもすれば哀しみもする。唯怒るべきに怒り、哀しむべきに哀しみ、其れがすめば何の痕跡も留めず、喩へば明鏡が物を映ずる如くす、是を聖人の無心と云ふ。常人は然らず、怒れば其心爲に迷ひ、遂には一朝の怒りに其身を忘れるやうになる[CI]。是を惡しき事とす。此怒りも、此体より起こる。故に二者を綴り合はせて、身を先に言ひ、心を後に言へり。之が爲に種々の説をなすものあれども、全體心が正しければ身が怒るとも怒り損なひは出來ぬ。故に身を先に言へるなり。恐懼とは、一身が如何になるべきかと畏れ心配する事にて斯くなれば我心が自然と曲がり來て、遂には未練[CJ]を生じ、不義に陥り、其正を得ぬ事となる。好樂とは、好はすきこのみ、樂は願ふ意にて、衣服飲食より、名を求め利を好む、皆一身より起こることなり。是が爲に、

---

CG　五体思うようにならず腹立つ：【私感、寝不足、空腹などでは腹が立ちやすい】

CH　情しょうずれば正しき心。：私感として、喜怒哀楽の情は、動物的故に身から？

CI　一朝の怒りにその身を忘れる：論語顔淵篇に「一朝の忿、其の身を忘れ、以て其の親に及ぼすは惑いに非ずや」一時の怒りのために前後を忘れ、自分の身を亡ぼし、その上禍を親兄弟にまで及ぼすのは惑いに外ならない。

CJ　未練：思い切りが悪いこと。未熟。

遂に我心が狂ひ、其樂に耽り、其欲に陥るやうになる。憂患は恐懼と似たれども、恐懼は眼前に來る場合、憂患は前きのさきを心配する意にて、尤も心を狂わせ易し。心狂うて其正を得ざれば、身亦從ふて修まらず。以上四ヶ條を列記して、情の爲に、身が修まらぬやうになることを説き、「心不レ在レ焉」以下にて、心を説明するなり。心とは、上文の其正を得ずと云へる心なり。焉とは、ここと訓す、心の本筋卽ち不動の場所を指す。言ふは、恐懼憂患等の爲め心が自然の正を得ず、本筋不動の場所へ居ること能はざれば、現在物を視ても見へず、聲を聽いても聞こへず、飲食しても其味が知れずして濟むやうになる。若し飲食して其味を知らんとならば、心を其處に落着け、徐々に視徐々に聽き徐々に味ふを要す。是を以て身を修めんとならば、其心を正しくするに在りとは言ふなり。

○此處の文体は、余程味あり。前文は、身の四病に陥りて、心が正を失ふと云ふ。後文は、心が動いて茲に在らざる爲め、身が修まらぬと云ふ。是にて、心身の二者相からむ處を知るべし。

○さて、心を説けば、意の問題起こる。是を以て、古より此章などには、種々説ありて容易ならぬ處なり。先づ意と云ふものが、天地萬物の大根本となるに、其奧に又一の心といへるものがある如く思はるるを以て、心の出で來る處を意とする説あれども、是れ然らず。凡て意の發せぬ前に心ある可き筈なし。人に此形ありて、能く知覺運動するものは意なり。此意を引き包みてをるものが卽ち心なり。意は心の發と云へる説より、大なる間違を生じ、心学などと云ふて、必ず心を捉へ、つかまへんとする謬見に陥るに至る。孟子の時、告子の如きは此弊あり。禪學も亦同じ。何程心を見んと欲するも、到底出來ぬ事なり。自分が、人間の工夫は意の發する處にありと云ふは、如何となれば、意は知覺運動の始めなれば、是より外に学問の工夫を下すべき處なければなり。始めて動くは意なり。動けば善惡を生ず。故に省察を大切とす。省察して善惡を見分けるは卽ち良知なり。斯く第一に意が發して、千變万化物に応じて窮まらず、是を引き総べて心とは言ふなり。意の前に心ありと思ふ可からず。

○上に述べし如く、意發して後に善惡あれば、其惡を去りて自然に従ふは誠意なり。誠意の工夫は、自然を妨げる病取り除くるに過ぎず、忿懥恐懼等[CK]の四者を以て言へば、人に此四情あるは當然にて、直に是を以て惡となす可からず。若し怒るべきに却って怒らず、恐るべきに却って恐れず、是れ拵（こしら）へ事にて、詐（いつわり）[CL]となる。要するに此四者は、自然に感應して、聖人は猶更響かねばならぬなり。只此四者について、畢竟[CM]病を生ずるを取り去るなり。卽ち四者のひづみある點を取り除くるなり。さればひづみは何に因って生ずるかと言へば、前に言ひし如く、一身の形に由って生じ來る、故に身を前きに言へり。以下家を齊ふるも同じことにて、先方より言ひ起こして本へ推しつめるなり。親愛と云ひ、賤惡と云ふ、皆彼に在る者にて、辟するは我の方に在り。我より辟せざれば差支なし。

---

CK　忿懥恐懼等：忿懥恐懼好楽憂患。
CL　詐：いつわり。
CM　畢竟：つまるところ。つまり。

19　所レ謂齊二其家一在レ修二其身一者、人之三其所二親愛一而辟焉。之三其所二賤悪一而辟焉。之三其所二畏敬一而辟焉。之三其所二哀矜一而辟焉。之三其所二敖惰一而辟焉。

所謂其の家を齊ふるは其の身を修むるに在りとは、人其の親愛する所に之いて辟す CN。其の賤悪する所に之いて辟す。其の畏敬する所に之いて辟す。其の哀矜する所に於て辟す。其の敖惰する所に之いて辟す。

ここから修身と結び付けて、斉家のことを精しく述べる。が、我が身のことは、前章で済んだので、この章斉家より治国平天下に至るまで、皆人に対する上でのことだ。人とは、広く指していう。「親愛」とは。親しみ愛すること。親子や兄弟などの場合は、いたわり合って我が身のように思う、これは親愛の極みだ。「之」は行くことだ。「辟」は一方へかたよる事で、親愛ならその方へのみ偏して、他はとにかく区別することだ。だいたい、人があまりにも親愛に過ぎれば、その行為が不公平になる。これを親愛する情の方へ行くを辟すという。

CN　辟す：偏る。

「賤悪」とは、向こうの人柄行為が不正だからと、その人を賤しみ嫌うことだ。そうしてその人を甚だしく見下げて、動作を悪く仕向ける一方になる。これは、「辟」だ。

「畏敬」とは、平生恐れ入って敬う人には、その人に向かう時畏敬一方になりやすいものだ。その人にでも、諫めるべきは諫め、言うべきは言うのが自然なのに、平生畏敬することに慣れてしまって、一から十まで黙るようになる。これは、「辟」だ。

「哀矜」とは、かなしみ哀れむことで、平生不憫に思う所から、こちらの扱いが自然それにひいきするようになる。外は一切顧みない事となる。これもまた「辟」だ。

「敖惰」は、古人も不審に思い、種々説ある。が、「敖」はおごり、「惰」はおこたる事で、人を見下げる様子のことだ。人と相対して、その人を何とも思わないのは、平生その人に心を向けていないからだ。けれども、上の四ヶ条を入れて言ったもので、平生なんとも思わないことにより、大切なことでも、ついつい放っておくようになる。
○さて、人情の辟する処は、これだけではなく、外に多くあるが、一家一族たいていこの中にある。また、このところも忿懥恐懼の「身」を前に言って、「心」を後に言っている前章と同一文章だ。末を先にし、本を後にして、人々疑問を持っても、かえって両方が関わるところを見るのに役立つ。家より言い起して身に落とし、身を修めるは家を斉える根本となる。前章は身と心と結び付け、この章は身と家を結びつけるところ、よく味わうべき。

また、今日実行上、努力工夫をするときは、向こうのものに応じて意の動く時に努力工夫するのが大切だ。

意の場合には、物に触れ感じる時に努力工夫を下す。

心の場合には、身に忿懥恐懼ある時に努力工夫を下す。

修身の場合には、人に交わる時に親愛賤悪のかたよりがないよう努力工夫を下す必要がある。

我が身が修まれば家も斉う。何事も向こうの者に応じる時、努力工夫を用いるのが実地の学問だ。

◆方谷文

是より修身とからみて、齊家の事を反覆(CO)す。されども、我身の事は前章にてすみたれば、此章齊家より治國平天下に至るまで、皆人に対する上なり。人とは廣く指すなり。親愛とは親しみ愛するなり。骨肉の如きは、相いたわりて、我身の如く思ふ、是れ親愛の極なり。之は行くなり。辟は一方へかたよる事にて、親愛ならば其方へのみ偏して、他は兎も角も更に辨へぬなり。凡そ人が餘り親愛に過ぐれば、其所作が偏頗(へんぱ)(CP)の一方にのみ陥る。是を親愛する情の方へ行くを辟すと云ふなり。賤悪と

CO　反覆：詳しくいうこと。
CP　偏頗：かたよって不公平。

は、向ふの人柄所作が不正より、其人を賤しみ惡むなり。因つて其人を甚だしく見下げて所作が惡しく仕向ける一方となる。是れ辟なり。畏敬とは、平生恐れ入って敬ふ人にて、其人に向かふ時は、畏敬一方になり易し。此人とて、諫むべきは諫め、言ふべきは言ふが自然なるに、平生畏敬に慣れるを以て、一から十まで黙るやうになる、是辟なり。哀矜とは、かなしみあはれむ事にて、平生不憫に思ふ所より、此方のしむけが自然其れに贔負するやうになり、外は一切顧みぬ事となる。是亦辟なり。敖惰は、古人も不審に思ひ、種々説あれども、敖はおごり、惰はおこたる事にて、人を見下げる様子なり。人相對して、其人を何とも思はぬは、平生其人に心がなければなり。されども此は上の四ヶ條をこみて言ふたるものならん。平生是をなんとも思はむ處より、大切なる事にても打遣てしまうやうになるなり。

○さて人情の辟する處は、是のみにあらずして、外に多くあれども、一家一族大抵此中を出づる能はず。又、此處も、忿懥恐懼の身を前に云ふて、心を後に云へる前章と同一文章なり。末を先にし、本を後にせるより、人々疑を起せども、是れ却って両方のからむ處を見るに足れり。家より言ひ起して身に落とし、身を修めるは家を齊ふる根本となるなり。前章は身と心とからみ、此章は身と家とからむ處、善く味ふべし。又た今日実行上工夫を下すときは、向ふのものに應じて意の動く時に工夫するが肝要なり。意の場合には、物に觸れ感ずる時に工夫を下し、心の場合には、身に忿懥恐懼ある時に工夫を下し、修身の場合には、人に交はる時に親愛賤惡の辟なきやう工夫を下すを要す。我身が修まれば家も齊ふべし。何事も向ふの物に應ずる時、工夫を用ふるが実地の學問とす。

20　故好而知二其惡一、惡而知二其美一者、天下鮮矣。故諺有レ之、曰、人莫レ知二其子之惡一、莫レ知二其苗之碩一。此謂二身不レ修不一レ可三以齊二其家一。

故に好みて其の惡しきを知り、惡みて其の美を知る者は、天下に鮮なし。故に諺に之れ有り、曰く、人は其の子の惡しきを知る莫く、其の苗の碩いなるを知る莫し、と。此れを身修まらざれば以て其の家を齊ふ可からずと謂ふ。

これは、我が身が、愛し好む人はその所作がよく見えて、その人の不善の点をはっきりわかる人は少ない、ということを言っている。また、平生憎み嫌っている人でも、善いことがあればそれを理解して、偏り不公平な心がない人は世の中に少なく、たいていの人は好悪の一方に偏って、その他は見えないものだ、と言っている。だから、諺すなわち当時の言いならわせにも、父子の間は親愛が厚いものだから、親はわが子の悪い点は得てして知らない。また、人の慾は限りないものなので我が田の苗は随分生長しているのに、まだ大きくならないと心配するのが常だ。

父母はかわいくて子の悪事を知らず、農夫は私慾で苗がすでに生長しているのに気づかない。このように皆偏りあるものになるものだ。これが、身が修まらなければ、その家を斉えることはできない、という。

　この章の結び方は、前章と異なっている。これは文の変化だ。

○易経坤卦文言伝六二（こんかぶんげんでんりくじ）に「敬以て内を直くし、義以て外を方（ほう）にす」【敬以直レ内、義以方レ外】CQ とある。朱子はこれを以てこのところを説いた。つまり、心身を内外に分けて、「敬」を正心の処へ合わせ、義を修身の処へ合わせた。王子は、この説をせめてただし非難した。これは古本序で分かるのでここでは述べない。王子の説によれば、正心の章は中庸未発の中に当たり、誠意章は已発の工夫に用いる。この説は、意の内に心があるとみることから起こる。朱王の区別は、この前後二章を解する上において明らかなので、各々合点すべき事だ。

◆方谷文

是は、我身が愛し好める人は、其所作が善く見えて、其人の不善なる点をはっきりと見知る者は少

---

CQ　敬以て内を直くし義以て外を方にす：易経坤卦文言伝六二。つつましくあることで心の内をまっすぐにし、正義にしたがうことで外に向かって行動する姿勢を正していく。敬と義を備えていれば、その人の徳は一つだけに止まらず、積み重なり盛大になり、周囲にも良い影響を及ぼしていく。

なく、又平生一心に悪み嫌ふて居る人でも、善き事があれば是を知り分けて、偏頗心なき人は、天下に至って少なく、大抵の人は好悪の一方に辟して、其外は見へぬものなりといふなり。故に諺卽ち當時の言ひならはせにも、父子の間は親愛の厚きものなれば、親は我子の悪しき事は得て知らず、又人の慾は限りなきものにて、我田の苗は随分生長して居るに、まだ大きくならぬと心配するが常なりと云へり。父母は親しむより子の悪事を知らず、農夫は私欲より苗の已に生長せるに気付かず、皆偏頗になるものとす。此が卽ち身が修まらねば其家を齊ふ可からずと謂ふ可からずと謂ふなり。此章の結法前章と異なれるは、文の変化なり。

○易に「敬以直レ内。義以方レ外」と云へり。朱子は此を以て此處を説き、心身を内外と分けて、敬を以て正心の處へ合はせ、義を以て修身の處へ合はせり。王子が其説を駁説(ばくせつ)CR せるは、古本の序に於て知らるべければ、茲には述べず。王子の説に因れば、正心の章は中庸未發の中に當たり、誠意の章は既發の工夫に用ふ。此説は、意の内に心が在ると見るよりして起こる。朱王の分かちは、此前後二章を解する上に於て明なれば、各合点すべき事なり。

21 所謂治レ國必先齊二其家一者、其家不レ可レ教而能教レ人者無レ之。故君子不レ出レ家而

CR 駁説：他人の説を攻撃する事。

成二教於國一。孝者所二以事一レ君也。弟者所二以事一レ長也。慈者所二以使一レ衆也。康誥曰、如レ保二赤子一、心誠求レ之、雖レ不レ中不レ遠矣。未レ有二學レ養レ子而后嫁者一也。

所謂國を治むるには必ず先づ其の家を齊うとは、其の家教う可からずして、能く人を教うる者は、之れ無し。故に君子は家を出でずして、教を國に成す。孝は君に事うる所以なり。弟は長に事うる所以なり。慈は衆を使ふ所以なり。康誥に曰く、赤子を保んずるが如し、と。心誠に之を求むれば、中らずと雖も遠からず。未だ子を養ふことを學びて后嫁ぐ者は有らざるなり。

これより治国の章となる。全体『大學』の大主意は、治国平天下の大事業を説くこと。これは、大なる学問という理由であり、大切なところだ。しかし、春秋戦国時代は、ただ何事も権謀術数[CS]を用いて大学の道とは大いに違った。故にこの『大學』は王道を述べ、一念の誠意より起こり、終に天下国家に及ぶ訳を説いている。これは『孟子』の王道を説くのと同じだ。

まずこれまでは、大本の意念より言ってきたが、これよりは又大主意のあるところを言う。『大學』一冊の功績は、これより後に出るので、一貫して見ることが要る。

「其の家教う可からず云々」【其家不レ可レ教云々】とは、一家一門の中、父は父、子は子たる教ができないで、どうして遠い親密でもない一国の人を教え治めることができようか、ということ。上に立つ人が、自分の家族一族さえ治められずして、威厳だけで下を教えれば、下の人一旦は服しても、到底心服しないので、永続きはしない。故に国を治めるには、まず家を治め斉えるべきだ。

「君子は家を出でずして教を国に成す」【君子不レ出レ家而成二教於国一】とは、我が家がよく斉い、教えが行き届きさえすれば、外は教えなくても自然に見倣うものだ、ということ。例えば、家と国とは大小こそあれ、一家の親に孝を尽くすのも、一国の君に忠を尽くすのも同じだ。弟は、家の長者に事えるのも、国の目上の人に事えるのも同じだ。慈は、一家の長老が親族の幼年少者を愛し使うのも、一国の君主が人々を愛し使うのも同じだ。考弟慈の三者が一家の中でよく出来るくらいなら、国中も

CS　権謀術数：たくみに人をあざむくはかりごと。

よく治まるはずだ。物に大小あっても、一人の誠より出るのは同じだから、家国の別はない。

書経の康誥でも、武王より衛の康叔に告げられた辞(ことば)の中に、「国の治め方は母親が赤子を育て養うようにしなさい」というのがある。母親が赤子の気に叶(かな)い生長させるようにする処を納得すれば、誰でも天下は治められるように、我心が「誠」即ち本気になってこれを求めれば、その真ん中に中らずとも、格別の相違はないものだ。なぜなら、誰でも準備なく政治を執れば、大間違いを生じるはずだが、一国の民が不憫でたまらないという一念で政治を執るなら大間違いはないものだ。例えば、赤子は何の考えもなく、何事も言えず、その養育は実に困難なはずだが、万事行き届いて無事に生長するのは、すべて母が子を思う一念の「誠」より出るからだ。女性が結婚するとき、子を養うことを学んで後に結婚する者はいない。そうであるなら、そのため養育ができないかといえば、結局学びに劣らぬ程上手にできる。これは中らずと雖も遠からずということになる。皆何々したいという一心より起こるものだ。

○「心誠に之を求める」【心誠求レ之】の「誠」字は、前の誠意の誠であり、所謂良知良心[CT]だ。このところ、『大學』の誠意より治国平天下に及ぶところで、大変重い。

だいたい事は何に限らず、詐(いつわ)り飾ってできるものではない、ただ我一念の誠をもって推すのみだ。

---

CT　良知良心：誠。

意は一念の動くところだ。これが物に感じて心となる[CU]。その心の感じるところが正しければ一身一家一国天下どこまでもよく治まる。身家国天下ことごとく同じだというわけは、皆一心より来るからだ。このところ誠意の本へもどり、さらに家国天下まで広め貫くところだから、合点すべき。権謀術数の如きは、父子親族の間にはかまわず直に飛び越えて国天下を治めようとするもので、これは見せかけの偽りだ。即ち名を求めようとする欲心から起こって、皆だましごとだ。『大學』は誠意が本で、何事も誠意の本より出るものだ。

◆方谷文

是より治國の章となる。全体大學の大主意は、治國平天下の大業を説くなり。是れ大なる學問と云ふ所以にて、大切なる處なり。然るに春秋戰國の時は、唯何事も權謀術數を用ひて、大學の道とは大に違へり。故に此大學は王道を述べ、一念の誠意より起こり、終に天下國家に及ぶ譯を説けるにて、孟子の王道を説くと同じ。先づ是迄は大本の意念より言出し來れるが、此よりは又大主意の在る處を言ふなり。大學一部の功業は、是より後に出づ、讀む者能く一貫して見るを要す。「其家不レ可レ教」云々とは、一家一門の中、父は父、子は子たる教が出來ぬぐらいにて、どうして遠き疎遠なる一國の人を

---

CU　心：意が物に感じて心となる。

教えしとて治まるべきぞ。上に立つ人君が、我一門さへ治め得ずして、威光のみを以て下を教ふれば、下の人一旦は服すべきも、到底心服せずして、永續はせぬものなり。故に國を治めるには、先づ家を治め齊へざる可からず。君子は家を出でずして教を國に成すとは、我家が能く齊ひ、教が行き届きさへすれば、外は教へずとも自然見倣ふを以てなり。例せば、家と國と大小こそあれ、一家の親に孝を盡くすも、一國の君に忠を尽くすも同一なり。又弟は、家の長上に事へるも國の長上に事へるも同一なり。慈は、一家の長老が族類の幼年少者を愛し使ふも、一國の君主が下民を愛し使ふも同一なり。孝弟慈の三者が一家の中にて能く出來るぐらいならば、國中も能く治まるべし。物に大小あれども、一人の誠より出づるは皆同一なれば、家國の別はなきものなり。書經の康誥とて、武王より衛の康叔に告げられたる辭の中に、國の治め方は母親が赤子を育て養ふが如くせよと云はれたり。母親が赤子の氣に叶ひ、生長させるやうにする處を合点すれば、何人にても天下は治めらるべく、我心が誠卽ち本氣になりて之を求むれば、其正中の處に中らずとも、格別の相違はなきものとす。何となれば、何人にても用意なく俄に政を取れば、大間違を生ずべき筈なれども、一國の民が不憫でたまらぬと云ふ一念より政を取れば、大間違はなきものなり。例せば、赤子は何の辨へもなく、何事も言ひ得ず、其養育は実に困難なるべき筈なれども、万事行き届きて無事に生長するは、全く母が子を思ふ一念の誠より出づるを以てなり。夫れ婦人が嫁入るに、子を養ふことを学んで然る後に嫁する者はなかるべし。されば其れが爲めに養育できぬかと云へば、結局學びしに劣らぬ程上手に出來ることとなる。是れ中らずと雖遠からざる所以にして、皆一心より起るを以て然るなり。
○「心誠求レ之」の誠字は、前の誠意の誠にて、所謂良知良心なり。此處大學の誠意より、治國平天下に及ぶ處にて、餘程重し。凡そ事は何に限らず、詐り飾りて出来るものに非ず、唯我一念の誠を以て推すのみ。意は一念の動く處なり。是れが物に感じて心となる。其心の感ずる處正しければ一身一家一國天下どこ迄も能く治まるべし。身家國天下悉く同じき所以は、皆一心より來るを以てなり。此處誠意の本へもどり、更に家國天下まで拡め貫く處なれば、合点すべし。權謀術數の如きは、父子親族の間にはかまわず直に飛び越えて國天下を治めんとする者にて、是れ僞りなり。卽ち名を求め利を求めんとする慾心より起こりて、皆拵へ事なり。大學は誠意が本にして、何事も誠意の本より出でざる可からず。

22　一家仁、一國興レ仁、一家讓、一國興レ讓、一人貪戻、一國作レ亂、其機如レ此。此謂二一言僨レ事、一人定一レ國。

一家仁なれば、一國仁に興り、一家譲[CV]なれば、一國譲に興る。一人貪戻[CW]なれば、一國亂を作す。其の機[CX]此の如し。此れ一言事を僨り一人國を定むと謂ふ。

ここは、家と国との関係を繰り返し説いている。一家内が仁ならば、直に一国が仁を興すようになる。「興」とは、各自、「とても何々したい」ので心を集中させ物事をする一心より発し興すことで、他からさせられることではない。「仁」とは、孝弟慈のこと。国においては、君に事え長に事え衆を使うのは、皆仁だ。

また、一家譲ならば一国譲を興す。譲は仁の内に在る。家国の治乱は、とかく争いと譲とに因る。だから抽きだし[CY]ていうのだ。一家が礼譲[CZ]なら、直に外へ感じ、一国が自然に礼譲となる。もし互

CV　譲：譲る。自分だけむさぼり取るのではなく、相手に譲るようにすること。
CW　貪戻：貪はむさぼる。戻はもとる、道理に反する。故に貪戻は、仁や譲の反対で道理に反して貪り取る事。
CX　機：はじき弓の矢をとばすバネから、物事の起こるきっかけ、はずみ。そして、きざしをいう。
CY　抽きだす：抜き出す。抽象化の抽。
CZ　礼譲：他人に対して礼をつくしてへりくだる。

いに人を淩ぎ己を利そうとすれば、家も国も必ず乱れる。父子至親[DA]の間でも、この礼譲はなくてはならない。まして他人と交わるときにはなおさらだ。「一人貪戻なれば一国乱を作す」【一人貪戻一国作レ乱】。一人とは、上に立つ人のことで、一心の起こるところを適切に言っている。一心より出れば、一家となる訳だけれど、乱れる上にきわめて重要だというために、一国と承けている。「貪」はむさぼり、「戻」はもとることで、上の人がこのような心なら一国は皆貪戻となる。乱をなすようになる。だから、基本は上の人の一心のわずかなところからくるものといえる。その「機」（きっかけ）はこのようなものだ。これは、一家から一国までをいうのだ。「機」は、例えば鉄炮の引き金のようなもの。こちらで、ちょっとさわれば、直に向こうで玉が飛び出す。政事も同じように、一国の本は身にある。身の本は一念にあり。一念が発すれば直に向こうに響き著れる。そのしかけは、このようなことだ。

これを「一言事を僨り、一人国を定む」という。これは古語で、僨るは、破るのことだ。「一言」といえども軽く考えてはいけない。すぐにそれが禍の本となって、大事を破り。僅か一人の所作だけれども、それが善なら、広い一国治めることとなる。その機はこの通りだ。

◆方谷文

DA　至親：近親。このうえなく近い血縁。

是れ反覆(はんぷく)家と國との関係を説くなり。一家内が仁なれば、直に一國が仁を興すやうになる。興とは、各自一心より發興するにて、他よりせしむるに非ず。仁とは孝弟慈に外ならず。國にては君に事へ長に事へ衆を使ふ皆仁なり。又一家讓なれば一國讓を興す。讓は仁の内に在れども、家國の治亂は兎角争と讓とに因る。故に抽(ぬ)き出して言ふなり。一家が禮讓なれば、直に外へ感じ、一國が自然に禮讓となる。若し互いに人を凌ぎ己を利せんと欲すれば、家國必ず亂る。父子至親[DB]の間にても、此禮讓なかる可からず。まして他人と交はるに於てをや。一人貪戻なれば、一國亂を作す。一人とは在上の人、一心の起こる處を適切に云ひたるなり。一心より出れば、一家となる譯なれども、亂るる上にて、切要[DC]に言はん爲め、一國と承けたるなり。貪はむさぼり、戻はもとることにて、上の人苟も此心あれば一國皆貪戻となり、亂をなすやうになる。而して其本は卽ち上の人一心の微より來る。其機此の如し、是一家より一國迄を總べ言ふなり。機は喩へば鐵砲の引き金の如し、こちらで、ちょっとさわれば、直に向ふで玉が飛び出す。政事も同様にて、一國の本は身に在り。身の本は一念に在り、一念の發する、直に向ふに響き著はれる。其しかけは、かやうなものである。此を一言事を僨り、一人國を定むとは言ふなり。二句は古語ならん。僨は破るなり。言ふは、一言と雖輕んず可からず。直ぐ其れ

DB　至親：近親。
DC　切要：きわめてたいせつなこと。

が禍の本となりて、大事を破り、僅か一人の所作なれども、其が善なれば、廣き一國を治めることとなる。是れ其機然る所なり。

23　堯舜率二天下一以レ仁、而民從レ之。桀紂率二天下一以レ暴、而民從レ之。其所レ令反二其所一レ好、而民不レ從。是故君子有二諸己一、而后求二諸人一。無二諸己一、而后非二諸人一。所レ藏二乎身一不レ恕、而能喩二諸人一者、未二之有一也。故治レ國在レ齊二其家一。

堯舜天下を率ゐるに仁を以てして、民之に從へり。桀紂天下を率ゐるに暴を以てして、民之に從へり。其の令する所其の好む所に反して、民從はず。是の故に君子は諸を己に有して、而る后諸を人に求め、諸を己に無くして、而る后諸を人に非る。身に藏する所恕ならずして而も能く諸を人に喩す者は、未だ之れ有らざるなり。故に國を治むるは其の家を齊ふるに在り。

以下また、斉家治国を精しく説くけれども、この小段は根本の誠意より来ることを説いている。堯舜の君が、先に立って導けば、自身に仁があるので、万民はこれに従って仁心になる。夏（か）の桀（けつ）、殷（いん）の紂（ちゅう）のような悪王が先に立っていけば、この二王は暴の外何者でもないので、民もこれに倣い、自然と暴に化す。桀紂の民に堯舜の行いを禁じ、堯舜の民に桀紂の行いを禁じるのではないが、民は自然にこのようになる。だから、もし上の命令することが、好むものに反したら、民は命令でも従わない。例えば、堯舜が善を好むのに悪法を出し、桀紂が悪を好むのに善法を出しても、民は従わない。

「この故に、君子は諸を己の身に有して、而る後人にさせようと求める。」【是故君子有二諸己一而后求二諸人一】諸とは、国家を治める上でのことで、命令する内容である。また、諸を、己に無くして、而る後諸を人に非（そし）る。非るとは、叱りつけ罰を与えること。

「身に蔵する所恕ならずして、諸を人に喩す者は、いまだいない。」だから、国を治めるには、家を斉えるにありという。「蔵」とは、庫の中に物を蔵することで、そのように体中に誠を蔵（おさ）め置き、これが自然に出て来るようにしておくことが、修身正心誠意の処となる。

「恕ならずして」【不レ恕】の二字は眼目だ。我心を人の心とくらべ、我心にいやだと思うことは人にもさせず、我心に好むところあれば人にも及ぼすというように、皆一心のままにするのを「恕」という。「不恕」とは、その反対で、絶対行ってはいけない。

堯舜が仁を好むことで、人にも仁をしなさいと言えば、直ぐに仁を行う。不仁は好まないので、行わないよう命令すれば行わない。これは恕から出るからだ。桀紂が、自分の好まない仁を他人に勧めるのは、不恕から出るのだから、行われないのだ。

○ここは、前文によく対応している。「蔵」字の中には、明徳を言って身心意を含み、「恕」字には、親民を言って斉家治国平天下を含んでいる。「恕」字は、「蔵」の字より推し出て、治国平天下に至る努力工夫となる。故に、「治国云々」の一句は、前の「国を治むるには先ず其の家を斉う」【治㆑国先斉㆓其家㆒】という処と関連していて、ここで一段となる。けれども、この章は、誠意章のように、言外の意味が尽くされていないので、更に詩を引用してふたたびこれと結び付ける。

◆方谷文

以下又齊家治國を反覆するなれども、此小段は根本の誠意より來るを説くなり。堯舜の君が先に立ちて導きをなせば、自身に仁があるを以て、萬人之に從ふて皆仁心になる。又夏桀殷紂の如き惡王が先に立って行けば、此二王は暴の外何者もなければ、下民も之に倣ひ、自然と暴に化す。是れ桀紂の民に堯舜の行を禁じ、堯舜の民に桀紂の行を禁ずるにはあらねども、下民は自然斯くなるなり。是故に若し上の令する所が、其好む所に反したならば、民は命令とても却て從はぬ。例せば、堯舜が善を好むに惡法を出し、桀紂が惡を好むに善法を出すも、下民從はざる如し。故に君子は諸を己の身に有して、然る後人にさせんと求める。諸とは國家を治める上にて言ふにて、卽ち令する所なり。又此が己に無くして然る後之を人に非（そし）る。非るとは叱りつけ罰に当てることなり。身に藏する所恕ならずして、之を人に喩す者あらず、故に國を治むるは家を齊ふに在りと言ふなり。藏とは、庫の中に物を藏する如く、体中に誠を藏め置き、是が自然に出で來るにて、即修身正心誠意の處を言ふなり。不恕の二字は眼目にして、我心を以て人の心に引較べ、我心にいやなれば人にもさせず、我心に好めば人にも及ぼすと云ふ如く、皆一心の儘にするを恕と云ふ。不恕とは其反対にて、到底行はる可からず。堯舜が仁を好むを以て、人にも仁をせよと言へば、直に仁をなす。不仁は好まぬ故、爲す可からずと命ずれば爲さず、其恕に出づるを以てなり。桀紂が、己れ好まぬ仁を他人に勸むるは、是不恕に出づるを以て行はれぬなり。

○此處は能く前文に照應せり。藏字の中には、明徳を言ふて身心意を含み、恕の字には、親民を言ふて齊家治國平天下を含めり。恕字は藏字より推出して、治國平天下に至る工夫となるなり。故に治國云々の一句は、前の「治レ國必齊二其家一」と云ふ處を結び、此にて先づ一段を爲せり。されども、此章は誠意章の如く、餘意の盡くさざるを以て、更に詩を引き再び之を結べり。

24　詩云、桃之天天、其葉蓁蓁、之子于歸、宜二其家人一。宜二其家人一、而后可三以教二國人一。

詩云、宜レ兄宜レ弟。宜レ兄宜レ弟、而后可三以教二國人一。詩云、其儀不レ忒、正二是四國一。
其爲二父子兄弟一足レ法、而后民法レ之也。此謂下治レ國在上レ齊二其家一。

詩に云はく、桃の夭夭たる、其の葉蓁蓁たり。之の子于に歸ぐ、其の家人に宜し、と。其の家人に宜しくして、而る后以て國人に教う可し。詩に云はく、兄に宜しく弟に宜し、と。兄に宜しく弟に宜しくして、而る后以て國人に教う可し。詩に云はく、其の儀忒はず、是の四國を正す、と。其の父子兄弟たること法るに足りて、而る后民之に法るなり。此を國を治むるは其の家を齊うるに在りと謂ふ。

最初の詩は、詩経国風周南桃夭篇の詞だ。その本意は、周の文王の時、民の風俗は正しくて、何事もきまりがあり、婚姻が整ったときのことを述べている。仲春[DD]の時分なので、桃の花が美しく開くところから詩の興を起こし、桃花は夭夭として美しく咲き、その葉は蓁蓁と盛んに茂っている。

---

DD　仲春：春三か月の真ん中の月。陰暦二月。

この桃花のように美しい娘が、あちらへ嫁入りしたら、さぞ家内は治まり、一族よく和するだろうという。この詩のように、家内が治まってこそ、始めて国の人々を教え、国家をも治めることができることという。

次の詩は、小雅蓼蕭（しょうがりくしょう）篇を引用して、兄弟の睦まじさを言っている。兄を敬い弟を愛し、兄弟の間がこのように睦まじくしてこそ、その後に民を教えることができることをいう。

次には、曹風鳲鳩（そうふうしきゅう）篇の詩を引用していう。一国の重臣たる人が、礼儀にかないその為すところは一々法規法令にかなっていると、四方の人まで正す、と。このように、第一に我家の身近な兄弟父子の間が一々法にかない、手本になる程ならば、国の人皆これを手本にするようになる。「儀」とは、外にあらわれることをいう。「忒」は差（たが）うこと。「四国」とは、四方の国の人。

以上三章の詩、次第次第にぴったりとあてはまる。はじめの詩は、結末のおわりの家人の句を取り、中の詩は兄弟の句を取り、下の詩は、四国を正すの句を取っている。これを、国を治むるは、其の家を斉うに在りというのは、以上の引用した三詩でしめくくる。「此」字は、上の詩を承けていることがわかる。

○この章は、治国の章だから重い。だから、上文一旦はしめくくりながらも、更に詩を引用して言外の意味を言い尽くし、読む者に心底から会得させるためだ。だいたい議論は理屈に流れる。ここは、声に出し感嘆し、理屈外で主意を悟らせる工夫で、誠意章で詩を引用したのと同じ意味だ。また、国を治めるには、まず「教」でするべきで、この章では「教」の字がでてきた。平天下の章の「政」とともに会得すべき。

まず教えて然る後治めるを順序とする。読む者は「教」と「政」とを合わせてみなければならない。

◆方谷文

初の詩は、周南桃夭篇の詞なり。其本意は、周文王の時、下民の風俗正しく、何事もきまりがあり、茲に婚姻が調ひたるを云ふなり。仲春の時分なれば、桃の花が美しく開ける所より興を起こし、桃花は夭夭として美しく咲き、其葉は蓁蓁と盛んに茂れり。此桃花の如き美しき娘が、あちらへ嫁入りしたならば、さぞ家内治まり、一族能く和順する事ならんと云へり。此詩の如く、家内治まりてこそ、始めて國人をも教へ、國家をも治め得べきなり。又次に、小雅蓼蕭篇の詞を引いて、兄弟の睦まじきを言へり。兄を敬ひ弟を愛し、兄弟の間が斯く睦まじくしてこそ、然る後下民を教へる事もでくべきなり。又次に、曹風鳲鳩篇の詞を引いて云ふ、一國の大夫たる人が、其儀容(ぎよう)[DE]違はず、其爲す所一々法度に叶ひ、因って四方の人までを正すと。斯く第一に我家の手近き兄弟父子の間が能く一々法に叶ひ、因って四方の人までを正すと。斯く第一に我家の手近き兄弟父子の間が能く法に叶ひ、手本にな

DE　儀容：礼儀にかなった姿。

る程なれば、國人皆之を手本にするやうになるとなり。儀とは外に見はるる上にて言ふ。忒は差ふなり。四國とは四方の國人なり。以上三章の詩、次第々々に適切となれり。初の詩は結末の家人の句を取り、中の詩は兄弟の句を取り、下の詩は四國を正すの句を取るなり。此を國を治むるは、其家を齊ふに在りと謂ふとは、以上に引ける三詩を結ぶなり。此字上の詩を承くと知るべし。

○此章は治國の章なれば重し、故に上文一旦結びたれども、更に詩を引いて餘意を言盡し讀む者に心底より會得せしめんとなり。大凡議論は理窟に流れる、此處は諷誦[DF]詠嘆[DG]して、理屈外に主意を喩らしむる工夫、誠意章に詩を引けると同意なり。又國を治むるには、先づ教を以てせざる可からず、此章教字を出す、平天下の章の政と參互會得すべし。先づ教へて然る後治むるを順序とす。讀む者教と政とを合せ見ざる可からず。

---

DF　諷誦：声をあげて読むこと

DG　詠嘆：感動する事。声に出し感嘆する事。声を長く引いて歌うこと。

# 第四章　平天下は絜矩の道

## 一、絜矩の道

25　所レ謂平ニ天下一、在レ治ニ其國一者、上老レ老、而民興レ孝。上長レ長而民興レ弟。上恤DHレ孤、而民不レ倍。是以君子有ニ絜矩DI之道DJ一也。

所謂天下を平らかにするには、其の國を治めるに在りとは、上老を老として民孝に興り、上長を長として民弟に興り、上孤を恤みて民倍かず。是を以て君子に絜矩の道有るなり。

DH　恤：あわれむ。
DI　絜矩：ものさしを当てて計ること。
DJ　絜矩の道：自分の心をもとにして他人の心を思い遣るというやり方。おもいやり。

これより平天下のこと、つまり組織のリーダー・指導者のあり方について説く。

『大學』の核心つまり基本は、誠意だ。末の広がった処は、平天下だ。故に、この章は、上の誠意章よりよく貫いて見るべきだ。そうであるなら、この一章の平天下は大きい事だが、その中でも絜矩の道が大切で、これが又財用を取り扱うことと人を選び用いることの二者に行き着く。だいたい、昔も今も、この二者より大切なことはない。その他万般の事は皆この中にある。そうして、この二者は絜矩より来る。これは絜矩を最初に挙げる理由だ。絜矩の道は、誠意正心より来るもので、誠意正心と治国平天下の前後一貫する理由だ。この意味を理解しなければ、一冊の『大學』の書も何の役にもたたない。
○「上老を老として云々」【上老レ老云々】この処は治国章の「一家仁なれば一国仁に興る」【一家仁一国興レ仁】などのことばの調子や勢いが同じようだけれども、ここは、世の中人が億万人いたとしても、その心は皆同一だということを証明しているだけなので、前文とは自ずから異なる。「老を老とす」云々は、上に立つ人が、父祖のような年老いた人を大切にすれば、その心は天子より庶人に至るということだ。

◆方谷文
是より平天下の事を説くなり。

凡そ大學の極意卽基本を云へば誠意なり。末の廣がりたる處を言へば平天下なり。故に此章は上の誠意章より能く貫きて見ざる可からず。されば此一章の平天下は大なる事に相違なきも、其中絜矩の道が大切にて、是が又財用を取り扱ふと人を選び用ふるとの二者に帰す。凡そ古今の事、此二者より大切なるはなし。其他万般の事皆此中にあり。而して此二者は絜矩より來る。是れ絜矩を首に揚ぐる所以なり。而して又絜矩の道は、誠意正心より來らざる可からず。是れ誠意正心と治國平天下の前後一貫する所以なり。此意を領[DK]せざれば、一部の大學何の用をか爲さん。

○「上老レ老云々」此處は治國章の「一家仁一國興レ仁」など言へる語気と一様なるやうなれども、此處は、天下は億万人ありとも、其心は皆同一なる事を證するに止まれば、前文と自ら異なれり。老を老とすと云々は、上に立つ人が、父祖の如き年老いたる人を大切にすれば、此心は天子より庶人に至るなり。

26　所レ惡二於上一、毋二以使一レ下。所レ惡二於下一、毋二以事一レ上。所レ惡二於前一、毋二以先一レ後。所レ惡二於後一、毋二以従一レ前。所レ惡二於右一毋三以交二於左一。所レ惡二於左一毋三以交二

---

DK　領す：心に理解する。さとる。おさめる。

於右㆒。此之謂㆓絜矩之道㆒。

上に悪む所、以て下を使ふ毋かれ。下に悪む所、以て上に事ふる毋かれ。前に悪む所、以て後に先んずる毋かれ。後に悪む所、以て前に従ふ毋かれ。右に悪む所以て左に交はる毋かれ。左に悪む所以て右に交はる毋かれ。此を之れ絜矩の道と謂ふ。


これより、絜矩の道で、四角四面に上下左右を引き比べ視ていく。

そもそも天下万民の内に、上もあり下もある。先ず上より自分への扱いが悪いときは、これを基準にして下に仕向けないようにし、又下より自分へ仕向けたものでそれを好まない事は、これを上にも仕向けないよう基準を立て、それで上下の基準を同一にするべき。即ち上に一尺なら、下も一尺にし、左右前後皆同様にして、四角四面にする必要がある。

「前に悪む所云々」は、前後をもって言い、誰かより先に事をするのを前とし、あとからするのを後とする。先に立つ人の扱いが悪ければ、後の人へこのような扱いをしない。後より来る人の扱いが悪ければ、先の人へそのような扱いをしないで、前後の基準を同一にするべき。

「右に悪む所云々」は、左右をもって言い、同列同僚の場合に、右の同列がいやなことをすれば、これを基準として左へ交わらず、左の同僚がいやなことをすればこれを基準として右へ交わらない。前後左右皆四角四面にして、あたかも四角の箱の中に立ってどこを視ても皆同一の基準のようにする。これが絜矩の道である。この基準に違わないようにすれば、天下の大きな事も自然に治まる。その理由は、世の中の人、体は異なっても、その心は皆同一だからだ。世の中がよく治まったり乱れたりするのは、この基準に合致しているか否かによる。けれども、人々この基準に従おうとしても、また、誠意正心の本が立たなければ不可能だ。心に一点の不正があれば、この基準に必ず狂いを生じる。少しでも自分勝手があると、この基準はそれに従って曲がる。

「上に悪む所」【所レ悪レ於レ上】は、上の人に自分勝手があるのだ。それを悪と知りながら、また、下へ施せば、これもまた自分勝手だ。前後左右皆この例のようだと、俗にいう嫁が姑を悪めば、姑も嫁を嫌うという如く、自分勝手のみとなれば、家内は一日も治まらない。いわんや天下をや。

世の人、自分が先輩となれば後輩をいじめたがる、これは「私」だ。人が集まれば、論争喧嘩する。これも絜矩の基準が狂っているからだ。西洋で自由というものがある。これは各々我が好むままを為すようだけれども、その実絜矩の道と同様だ。なぜなら、人々一己の私に走り、一人の好悪をほしいままにすると、必ず騒乱を生じる。騒乱は自主自由とは言えない。好悪を人々と同様にして、その楽をうける（いやだと思うことは人にしないという規準を皆がもち生活すると、それぞれが喜び幸せになる）。

これを真の自主、自由という。自分の少しの自由のために、他人の少しの自由でもうばうような行為はあってはならない。天下万民を公正に取扱い、厚薄愛憎の差をつけた取扱いをなくせば、権力の圧制などを言う必要ない。一方にのみ正しくない不快なことをするから、争乱がおこるのだ。絜矩の大切なところはこのようなことだ。人々はこの意義を味わうべし。

◆方谷文

是より絜矩の道で、四角四面に上下左右を引き較べ視るなり。凡そ天下万民の内に、上あり下あり。先づ上より此方へ仕向けられ悪しきときは、是を寸法に取りて下に仕向けぬやうにし、又下より我へ仕向けるを好まざる事は、是を上にも仕向けぬやうに寸法を立て、以て上下の寸法を同一にせよ。卽ち上に一尺ならば、下も一尺にし、左右前後皆同様にして、四角四面にするを要す。前に悪む所云々は、前後を以て言ひ、此方より先に立て事を爲すを前とし、あとよりなすを後とす。先に立つ人の仕向け悪しくば、後の人へ斯かる仕向けをなさず、後より来る人の仕向け悪しくば、先の人へ斯かる仕向けをなさず、前後の寸法を同一にすべし。右に悪む所云々は左右を以て言ひ、同列同僚の場合に、右の同列がいやなことをすれば、是を寸法にして左へ交はらず、左の同僚がいやなことをすれば、是を

DL　寸法：基準

寸法にして右へ交はらず、前後左右皆四角四面にて、恰も四角の箱の中に立て何方を視ても皆同一寸法なる如くす、是卽ち絜矩の道なり。此寸法にして違はざれば、天下の大も自然と治まるべし。其故は、天下の人其體は各異なるも、其心は皆一様なるを以てなり。天下の治亂全く此寸法に違ふと否とに在り。然れども人々此寸法に從はんと欲するも、亦誠意正心の本立たずは不可なり。心に一点の不正あらんか、此寸法に必ず狂ひを生ず。少しにても自分勝手あらんか、此寸法も其れに從って曲がる。「所レ悪レ於レ上」は、是れ上の人に自分勝手あるなり。其れを悪と知りながら、又下へ施せば、是亦自分の勝手なり。前後左右皆此例にて、俗に云ふ嫁が姑を悪めば、姑も嫁を嫌ふと云ふ如く、自分勝手のみとなれば、家内は一日も治まるものに非ず。況や天下をや。世の人、自分が先役になれば後役をいぢめたがる、是れ私なり。群居すれば論争喧嘩す是も絜矩の寸法が狂へばなり。西洋にて自由と云ふことあり、是は各我が好む儘を爲すようなれども、其實絜矩の道と同様なり。何となれば人々一己の私に馳せ、一人の好悪を恣にせんか、必ず爭亂を生ず、爭亂は自主自由と云ふ可からず。好悪を衆人と同様にして、同じく其樂を享ける、是を真の自主、自由と云ふ。我れ一寸の自由をなさんとて、他人より一寸の自由を割き取る如き行爲ある可からず。天下萬民を同一寸法に取り扱ひ、厚薄愛憎の差別を去れば、圧制など云ふことも必要なし。一方に悪む所を、一方へ持ち歩く故、爭亂起こるなり。絜矩の大切なること斯の如し、人々玩味せざる可からず。

27　詩云、樂只君子、民之父母。民之所レ好好レ之、民之所レ惡惡レ之。此之謂二民之父母一。

詩DMに云はく、樂しめる君子は民の父母、と。民の好む所之を好み、民の惡む所之を惡む。此を之れ民の父母と謂ふ。

以下詩を引用して絜矩の道を詠嘆する。誠意章治国の章の例と同じだ。「絜矩の道」は、『大學』一冊の最大のてがらで大眼目だから、詩を引用しなければ言外の意味まで尽くされない。

「楽しめる君子」【楽只君子】とは、詩経に多くでてくる人柄がおだやかな君子と同じこと。君子の心は、平生楽しんでいるもので、論語にも「君子は坦かに蕩蕩たり。小人は長えに戚戚たり（述而篇）」【君子坦蕩蕩、小人長戚戚】というように、その分に安んじて心に憂がない。だから、楽只の君子という。

「民の父母」とは、君子が天下の民を視ることは自分の身のように、民のきらうことはきらい、民の好むことは好む。あたかも慈愛深い父母が我が子が好むことを好み、きらうことはきらうのと同じ

DM　詩：詩経小雅南山有台篇

ように。しかし、その間に少しでも一己の私が雑ざると、必ず人と争う。争って自分の思うようにならなければ、悲しんだり怒ったりする。これは楽只の君子ではない。従って民の父母とはいえない。もし好悪の二つが人と同じようになりたければ、誠意の根本を立てるしかない。何もかも和して調和しても、誠意より出て来るものでなければかえって争乱を増すだけだ。

◆方谷文

以下詩を引きて絜矩の道を詠嘆す。誠意章治國章の例と同じ。絜矩の道は大學一部の極功大眼目なれば、詩を引かざれば、餘章を盡くす能はず。詩經に多くある愷悌(がいてい)DNの君子と云へるも同じ。君子の心は平生樂しんでをるものにて、論語にも「君子坦蕩蕩小人長戚戚」と云へる如く、其分に安んじて心に憂ひなし、故に樂只の君子と云ふ。民の父母とは、君子は天下の民を視ること一身の如く、民の惡む所は之を惡み、民の好む所は之を好むこと、恰も慈父母の我が子が好む所を好み、惡む所を惡むと同じければなり。然れども其間に少しにても一己の私が雜ざらんか、必ず人と爭ふ。爭って我思ふ儘にならずば、或は憂ひ或は怒らん、是れ樂只君子に非ず、從って民の父母と云ふ可からず。若し好惡の二つが人と同様になるを欲せば、誠意の根本立たざる可からず。誠意より來れば、

DN　愷悌：人柄がおだやかなこと。やわらぎたのしむこと。

何も角も和調すれども、誠意より出でずば却って争亂を益すのみなり。

２８　詩云、節彼南山、維石巖巖。赫赫師尹、民具爾瞻。有レ國者、不レ可ニ以不一レ愼。辟則爲ニ天下僇一矣。

詩[DO]に云はく、節たる彼の南山、維れ石巖巖たり。赫赫たる師尹、民具に爾を瞻る、と。國を有つ者は、以て愼まざる可からず。辟するは則ち天下の僇[DP]と爲る。

この詩は、絜矩の道に従うことができない人のことをいっている。師尹とは、周の大師[DQ]尹氏[DR]のことだ。この人は政事を行うのに、一己の私に流れ、縁者のみ挙げ用いた。周が栄えた時代には、絜

DO　詩：詩経小雅節南山篇。

DP　僇：刑罰。つみ。はずかしめ。

DQ　大師：周代の三公の一つ。天子を輔ける官。尹氏は総理大臣の官だった。

DR　尹氏：尹氏の政事はよくなく、国民は憂いの心を抱いていた。しかしうっかりそれを言うと罰せられるので誰も言えない。こんなことでは周の国も亡びるのではと監視の必要性を説いた詩もある。

矩の道が行われたが、衰えてからは、このように絜矩の道は廃れた、という意味。節は、截の意味で、山が截り立っている貌。南山は石が巌巌と積み重なり、恐ろしく見える。そこで、当時威勢のある師尹を、火の赫赫たるように、天下万民は目を付して見上げる。そうであるから、国を保つ人は一心の起こる所を大切にし、一点の油断もないようしなければならないということになる。「辟」は斉家の章にある「辟」で、一念に少しのえこひいきが生じれば、その痕跡は必ず政事にでるようになる。かの四角の寸法規準に全く相違を生じてこれが大乱の本になる。その罪は、天下の刑罰、はずかしめをを受けるようになるという。実に畏るべきことだ。

◆方谷文

此詩は、絜矩の道に従ふ能はざるなり。師尹とは、周の大師尹氏なり。此人政事を行ふに、一己の私に流れ、親近のみを擧用せり。周の盛時には絜矩の道行はれしも、衰世には斯様に絜矩の道廢したりとの意なり。節は截の意にて、山が截り立ちたる貌。言ふは、南山は石が巖々と積み重なり、恐ろしく見ゆる。そこで當時威勢ある師尹は、火の赫赫たる如く、天下萬民が目を附て見上げる。されば國を保つ人は一心の起こる所を大切にし、一点の油斷なきやうせざる可からずとなり。辟は齊家の章に在る辟にして、一念に少しの偏頗DSが生ずれば、其痕迹必ず政事に出で來り、彼の四角の寸法に全く相違を生じ、是が大亂の本になり。其罪を以て天下の刑僇卽ち仕置きに罹るといふなり。實に畏るべきことなり。

29　詩云、殷之未レ喪レ師、克配二上帝一。儀レ監二于殷一、峻命不レ易。道二得レ衆則得レ國、失レ衆失一レ國。

詩に云はく、殷の未だ師を喪はず、克く上帝に配すDT。儀しく殷に監みるべし。峻命易からず、と。衆を得れば則ち國を得、衆を失へば國を失うを道ふ。

これは、周の世で、殷の事を手本とせよと教える詩。「師」は衆のこと。「上帝」とは、造化の神。「配」

DS　偏頗：かたよること。不公平。

DT　上帝に配す：上帝は上天皇帝。中国信仰の最高神で、天子はこの上帝の命を受けたものとされている。革命とは、天子不徳でその命が革まること。配はあう、ならぶ、たぐいの意味。上帝に配すとは、天子が上帝とならんで一体となり天意にそって政を行うこととは、並び対になること。造化の神は万物を化成する。天子は万民を治めるから相並び立つことになる。殷がなお大衆の人々の心を失わず、よく上帝と並びたっている。これは、絜矩の道を行ったからだ。「儀しく」は宜しくに通じ、周は宜しく（適切に）殷を参考に考えるべきだ。絜矩の道を失えば、天下はたちまち他人が有するものとなる。「峻」は高大、「命」は天命。天命を受けることはたやすいことではなく、絜矩ある人には天より自然に峻命を授けられ万民が帰服するようになる。絜矩を失えば、天が自然に人心を失うようにして、人力では左右できなくなる。故に峻命は容易ではない。一寸の油断あれば殷のようになる。

「衆を得れば国を得るを道う云々」【道二得レ衆則得一レ国云々】とは、前の詩は天下万民が帰服して人心を得れば、いつまでも天下を保たれ、人心を失えば直ぐ国を失い、存亡立国が決まる意味を言っていると説明。

以上三詩、皆絜矩について、詩を引用して言外の意味である余意を尽くす。

ここまでで、小段を截る。

○『大學』の書は、一篇の文章だが、所々に対応がある。この段の「愼」字は、前文の「愼獨」に応じ、「辟すれば即ち天下の僇と為る」の「辟」も、前文数多くの「辟」の字に応じている。

○さて、以上は平天下の大意大綱を述べた。以下順次、財用の事及び人を用いることを述べる。「愼」の字は、後の文へも貫いて見ないわけにはいかない。

◆方谷文

此は周の世にて、殷の事を手本にせよと教ふる詩なり。師は衆なり。上帝とは造化の神なり。配とは對偶[DU]の意なり。造化の神は万物を化成す。天子は萬民を治める故に相配偶することになる。殷が尚衆心を失はざりしや、能く上帝に配せりと。是れ亦絜矩の道を行ひたればなり。儀は宜と通ず、周は宜しく殷に監みる[DV]べし。絜矩の道を失へば天下は忽ち他人の有とならんと。峻は高大なり、命は天命なり、天命を受くることは易からざるものにて、絜矩ある人には天より自然峻命を授け、萬民の歸服するやうにし、絜矩を失へば天が自然人心を失ふやうにして、人力の得て左右すべきに非ず。故に峻命は容易に非ず、一寸の油斷あれば殷の如くなるとなり。「道二得レ衆則得一レ國云々」とは、前の詩は天下万民が帰服して人心を得れば、いつ迄も天下を保たれ、人心を失へば直ぐ國を失ひ、存亡立國に定まる意を道ひしなりと説明するなり。以上三詩、皆絜矩につき、詩を引き餘意を盡くすなり。是までにて先づ小段を截る。

○大學の書は、一篇の文章なれば、所々に照應あり。此段の愼字は前文の愼獨に應じ「辟則爲二天下

---

DU　対偶：二つで一そろいになっていること。つい。

DV　監（鑑）みる：手本、先例に映してみる。手本と比べあわせ考える。手本に従う。

僇矣」の辟も、前文数多の辟字に應ず。

○さて以上は平天下の大意大綱を述べたり。以上順次に財用の事及び人を用ふることを述ぶ。愼の字は後の文へも貫いて見ざる可からず。

## 二、財用の取扱

**30　是故君子先愼二乎徳一。有レ徳此有レ人。有レ人此有レ土。有レ土此有レ財。有レ財此有レ用。**

是の故に、君子は先づ徳を愼む。徳有れば此れ人有り。人有れば此れ土有り。土有れば此れ財有り。財有れば此れ用有り。

前段までに絜矩の道を説き尽くしたので、以下上文をうけて財用のことに及ぶ。

天下を治めるのに肝要なことは、財用を取り扱うことと人を選用することの二つで、天子、総理大臣たる者は、この二つを務めることを職務本分とする。そこに、少しでもえこひいき不公正あれば、天下は大乱となる。そして、万民の苦楽、天子の毎朝毎夕政治上の重要事で、この財用ほど大切なものはない。書経[DW]にも「四海困窮せば、天禄永く終らん」（天下の万民を困窮に陥れるようなことがあれば、せっかく天から与えられた天子たるのさいわいも永久に断絶してしまうだろう）とあって、天下衰退し乱れるときは、この財宝がまず尽きてしまうものだ。

『大學』の道を行おうと欲するなら、最もこれを重んじるべきで、大眼目のところだ。

では、どのようにして行うか。一つしかない。それは、絜矩の道に適うようにして行うまでだ。

だけど、このことと上文絜矩の道を承け、次に「君子は徳を慎む」【君子慎二乎徳一】と曰（い）[DX]い起こしている。ここは『大學』一冊の眼目だ。「徳」は、最初の明徳に外ならない。「慎」字は、上に出た「慎独」の慎。慎独とは、念慮の発する処、即ち意の動く処を慎むことだ。これを慎むより外手をくだしようがない。こうして明徳に一点の私なければ、慎徳の功成り、千万里先の五大陸に押出しても、真の四角四面で絜矩の道に適い、天下の争いはないはずだ。

「徳有れば此人有り」【有レ徳此有レ人】これより段々と財用の上に押出していう。この句徳あれば人が服すという説があるが、そうではなく、徳なければ人間ではない、故に徳あればここに人間が出

DW　書経：虞書大禹謨（ぐしょたいうぼ）。虞とは、舜が帝位の時の王朝名。禹は夏の創始者。謨ははかること。

DX　曰う：発言や書物・ことわざなどを、そのままのかたちで引くとき用いる。

来てくるという意味だ。

「人有れば此土[DY]有り」【有レ人此有レ土】といって、このような人がいれば土地を治めることができる。土地を治めることができれば、「土有り」といえる。国を失い土地を失うのは、これを治める人がいないからだ。ただ、現在では土地だけでなく、生産手段は、工場、諸設備、店舗、さらには、通信手段やそれらを駆使するソフトウエア、ロボットなども考えられる。そして倉庫と配送システム等々多岐に渡っている。

「土有れば此財有り」【有レ土此有レ財】とは、土地等生産手段があるから財があるということ。財とは金銀のみならず、日常生活に必要な食物衣服居室草木これら皆財だ。上に立つ人一点の私人なく治めていけば、財物の生じること、孟子[DZ]にある「材木勝げて用う可からず。禽獣魚鼈勝げて食らう可からず」【材木不レ可二勝用一。禽獣魚鼈不可二勝食一】[EA]というようになる。

「財有れば此用有り」【有レ財此有レ用】とは、「財」は土地（生産手段）より生じることをいい、「用」

---

DY　土：二千年前の中国の農耕時代でいえば、土が生産手段だったと思われる。

DZ　孟子：梁惠王章句上3

EA　材木勝げて、用う・・・乱伐をしないで、伐るべき適当な時期に斧を入れ木を伐るようにすれば、木はどんどん生長して、いくら使っても使いきれないほど沢山になる。また、動物や魚スッポンなど小さいものまで取りつくすようなことをしなければ、繁殖して、食っても食っても食いきれないようになるは、その財を人が用いる[EB]ことをいう。孟子[EC]に「民をして生を養い死を喪(そう)して憾(うらみ)無からしむ」【使二民養レ生喪レ死無一レ憾】とあるように、その他天子の礼楽征伐万般[ED]皆財より出る用だ。結局その財の運用をリーダーがどう運用するかだ。誠あるリーダーか、私腹を肥やしたり自分の名声欲人気取りに使ったり、えこひいきして使ったりするようでは、リーダーとしては、いずれ人々から見放され、悪評がいつまでもついてまわるようになる。

### ◆方谷文

前段までにて絜矩の道を説き盡くしたれば、以下上文を承けて財用の事に及ぶ。凡そ天下を治むるに肝要なるは、財用を取扱ふと、人を選用するとの二つにて、天子宰相たる者は、此の二者を務むる

---

EB　財を用いる：※私見、財の運用は結局人がすることで、私に使うのではなく、誠意あれば恣意でなく自分、人、社会の幸せのために運用する。

EC　孟子：梁惠王章句上3

ED　天子の・・万般：生きている人を十分に養い、死んだ人を十分に弔うことができ、遺憾のないようにすることが、王道の始めなり、ということ。要するに、人々が衣食に困らないように一定の仕事や産物・財があるようにし、安心して家族を養い生活できるように、仁政を施すこと。

を職分とす。そこに少しにても偏頗（へんば）[EE]あらば、天下は大亂となる。而して萬民の苦樂、天子の朝々暮々[EF]萬機[EG]の事、此財用ほど大切なるはなし。書經にも、四海困窮天祿永終とありて、天下衰亂する時は、此財宝が先づ盡くるものなり。大學の道を行はんと欲せば、最も之を重んぜざる可からず。是大眼目の處なり。然らば如何にして行はんか、他なし、絜矩の道に適ふ様にして行ふまでなり。されば是故と上文絜矩の道を承け、次に「君子先愼二乎德一」と曰ひ起こせり。此處大學一部の眼目なり。德は起頭の明德に外ならず。愼字は上出せる愼獨の愼なり。愼獨とは念慮の發する処、即ち意の動く處を愼むなり。是を愼むより外手を下すべきやうなし。斯くして明德に一点の私なくんば、愼德の功成り、千萬里先きの五大州に押し出しても、眞の四角四面[EH]にて絜矩の道に合ひ、天下に爭ひと云ふものはなき筈なり。「有レ德此有レ人」是より段々と財用の上に押出して言ふ。此句德あれば人が服すと云ふ説あれども、さにあらず、德なければ人間に非ず、故に德あれば茲に人間が出來てくるなり。次に「有レ人此有レ土」とて、以上の人があれば土地を治め得られる。土地を治め得らるれば土ありと謂ふべし。凡そ國を失ひ土地を失ふは、之を治める人がないのである。次に「有レ上此有レ財」とは、

---

EE　偏頗：かたよること。不公正。
EF　朝朝暮暮：毎朝、毎夕。
EG　万機：政治上の重要な事。
EH　四角四面：至極まじめなこと。厳格なこと。

土地あるよりして茲に財がある、財とは金銀のみに非ず、民生日用の食物衣服居室草木皆財なり。上に立つ人一点の私人なく治めて行けば、財物の生ずること、孟子にある「材木不レ可二勝用一。禽獣魚鼈不レ可二勝食一。」（材木勝げて[EI]用ひる可からず。禽獣魚鼈[EJ]は勝げて食す可からず）と云ふが如くなるべし。「有レ財此有レ用」とは、財は土地より生ずる所から言ひ、用は人が用ひる所から言ふ。孟子にて、「使二民養一レ生喪レ死無レ憾」[EK]とある如く、其他天子の禮楽征伐萬般の政事皆財より出づる用なり。

## 31　徳者本也。財者末也。外レ本内レ末、争レ民施レ奪。

徳は本なり。財は末なり。本を外にして末を内にすれば、民を争はしめて奪ふことを施す。

上文で財用のことをいったが、この財用も、その上に徳があって下を治める人がいなければならな

---

EI　勝げて：挙げて。ことごとく。

EJ　魚鼈：魚や鼈。

EK　使民養生喪死無憾：魚や民をして生きているものを十分に養い死んだ者を十分にとむらうことができて、少しも遺憾ないようにさせる。

い。故に「徳は本なり、財は末なり」【徳者本也、財者末也】という。徳の本は誠意だ。本末のことばは樹木のたとえだ。本と末は離れることはできず、徳を慎み誠意が一寸できれば天下は一寸治まるように、そこは一貫したものだと承知するべき。けれども、また一方より分けて吟味する。ここは、初めの「物に本末有り。事に終始有り。先後する所を知ると則ち道に近し」【物有二本末一。事有二終始一。知レ所二先後一則近レ道矣】に応じている。格物というのは、この本末を見分け、本から末へずっとよく行き貫くことだ。そして、これをよく知り抜くのが致知だ。

「本を外にして末を内にする」【外レ本内レ末】とは、内外の言は「先後する所を知れば則ち道に近し」の先後と同じ。ただ天下の事業のことだから、内外の文字となったのだ。

さて、徳は本なり内なり、誠意正心修身は本なり内なり。財用は末なり外なり、治国平天下は末なり外なり。誠正修の内より、段々と治国平天下の外へ押出し、その段取りを誤らないことが大切で、これを「本を内にして末を外にする」という。

しかし、人心はとかく末の方に動いていくもので、梁の恵王が孟子に向かい、一番に利を持ち出して、斉の宣王が斉桓晋文[EL]の事を言い出すように、財用には先ず心が動きやすい。このようなこと

---

EL　斉桓晋文：孟子梁恵王上篇7．春秋時代の覇者として名高い斉の桓公や晋の文公のした事について孟子に尋ねて答えた。孔子の道を修めた者には何もいうことない。ただ王者の道は民を安んずること。不忍の心で。

から政事をなせば、内にある功利財用のみで、誠意正心の事は皆外へ出て、少しも内へ寄せ付けなくなる。孟子がいう「上下交々(しょうかこもごも)利を征(と)れば」[EM]【上下交々征レ利】というようになる。これを、本を外にし末を内にするという。

「民を争わしめて奪うことを施す」【争レ民施レ奪】とは、奪は孟子の「奪(うば)わずんば饜(あ)かず」[EN]【不レ奪不レ饜】という奪で、こちらへ取ろうとすることだ。「施」は、上より奪うように仕向けることだ。このように争奪を奨励するような政事になれば、天下は治まらず、これも絜矩の道がないことでおこる。かりそめにも絜矩により財用を制すれば、争も奪も起こるものではない。世界を見渡すに、財用ほど大切なものはない。一国の租税入用より、万国の交際も、大戦争も、皆財用の勘定で、これに最も絜矩の道を要す。万国公法などというものも、全て絜矩にする道であり、その根本は誠意即ち一念の動く所を誠にすることだと知るべし。

---

EM　孟子「上下・・」：孟子梁惠王章句上1．王から庶民まで、それぞれが自分の利益ばかり取ることを追い求めたら、国家は危うくなる。

EN　孟子「奪わずんば・・」：孟子梁惠王章句上1．人々が義を後まわしにして利ばかりを考えれば、結局主君のものでも何でも、ことごとく奪ってしなわなければ満足しなくなる。

◆方谷文

上文に財用の事を言ひしが、此財用あるも、其上に徳ありて下を治むる人なかる可からず、故に「徳者本也、財者末也」と云ふ。而して徳の本は誠意なり。本末の言は樹木の喩へなり。本と末と離るべきに非ず。徳を慎み誠意が一寸できれば、天下は一寸治まるべく、そこは一貫のものたるを承知すべし。されども又一方よりは分けて吟味せざる可からず。此處は初めの「物有二本末一、事有二終始一、知レ所二先後一則近レ道矣」に応ず。格物と云ふは此本末を見分け、本から末へずっと能く行き貫くことなり。而して之を能く知り抜くが致知なり。「外レ本内レ末」とは、内外の言は、「知レ所二先後一則近レ道矣」の先後と同じ。但此處天下の業の上になれば、内外の文字となりて出づるのみ。さて徳は本なり内なり、誠意正心は本なり内なり。財用は末なり外なり。治國平天下は末なり外なり。誠正修の内より、段々と治國平天下の外へ押出し、其段取り[EO]を失はぬが肝要にて、是を本を内にし末を外にすと云ふ。然るに人心は兎角末の方に動き來るものにて、梁(りょう)の惠王(けいおう)が孟子に向かひ、一番に利を持ち出し[EP]、齊(せい)の

---

EO　段取り：事の順序、方法を定めること。

EP　梁惠王が孟子に向かい一番に利を持ち出す：孟子梁惠王上篇の冒頭で、惠王が国を富ますにはどうしたらいいか尋ねた。孟子は、国を治めるのに、そう利、利とだけ、利のことばかり言うことはない。それには、利より聖賢のように仁義を行うということがあるだけ。それだけを考えればいい、と。それぞれが利、利といっていると国家は危うい。それぞれが上の人を見て悉く奪わないと満足しなくなる、と。

宣王（せんおう）が齊桓晉文（せいかんしんぶん）の事を言ひ出す如く、財用には先づ心が動き易し。此處より押出して政事をなせば、内にある功利[EQ]財用のみにて、誠意正心の事は皆外へ出て、少しも内へ寄せ付けず、孟子に謂へる「上下交征レ利」（上下交（こもごも）利を征（と）る）[ER]と云ふ様になるべし。是を本を外にし末を内にすと云ふなり。「争レ民施レ奪」とは、奪は孟子の「不レ奪不レ饜」（奪（うば）わずんば饜（あ）かず）[ES]と云へる奪にて、此方へ取らんとすること。施は上より奪ふやうに仕向けることなり。斯く争奪を奨励するやうなる政事になれば、天下は治まるものに非ず、是も絜矩の道なきより來る。苟も絜矩に因り財用を制すれば、争も奪も起こらぬものなり。凡そ世界を見渡すに、財用ほど大切なるものなし、一國の租税入用より、萬国の交際も、大戦争も、皆財用の勘定にて、此處最も絜矩の道を要す。萬国公法など云ふも、全く絜矩にする道にて、其根本は誠意卽ち一念の動く所を誠にするに在りと知るべし。

**32　是故財聚則民散。財散則民聚。是故言悖[ET]而出者、亦悖而入。貨悖而入者、亦悖而出。**

---

EQ　功利：功名と利得。

ER　上下交征利：孟子梁惠王上篇1．上の者も下の者も、めいめい自分の利益ばかり取ることを追い求める

ES　不奪不饜：孟子梁惠王上篇1．義を後にして利をまっ先に考えるようなら、主君のものでも何でも、ことごとく奪ってしまわなければ満足しなくなる。先義後利の四字熟語あり。

ET　悖る：もとる。そむく。さからう。たがう。みだす。

是故に財聚まれば則ち民散じ、財散ずれば則ち民聚まる。是故に言悖りて出づる者は、亦悖りて入る。貨悖りて入る者は、亦悖りて出づ。

ここでは、まず、集散の二つを言って、天下の平かなると平らかでないとを言い表す。「聚」とは、一個所へ寄せ集め、「散」とは、ちりちりばらばらにすること。そこで、財貨は相互に都合よいようにすれば、天下の隅々にまで行き渡るが、少しでも我が方へ多く集めようと思えば、集まることは集まるが、その代りに民が散ずる。財が都合よく四方に散じ、上の人が無理をしなければ、人民は利便を得て、日にやすんじ集まる。散すといってもどこへも逃げ消えるものではなく、あたかも大軍の陣揃いがついえるようなものだ。

「言悖る」とは、言語が皆条理とは違って無理な言い分となれば、向こうからもその返答としてまた、無理を言ってくる。財宝も同様で、無理に我が方へ取込むものは、また無理に人に取られる。例示すると、無理に財貨を我が方へ取込めば、人心は乱れ、強訴が起こったり、戦争が起こったり、天下大乱となる。かつて積み置いた財貨も一朝に尽きてしまう。歴代の歴史を観れば、皆これに外ならない。故に絜矩の道を要するのだ。

◆方谷文

此處先づ聚散の二つを言ふて、天下の平なると平ならざるとを形容す。聚とは一個所へよせ集め、散とはちりちりばらばらにするなり。そこで財貨は相互に都合よきやうにすれば、天下の隅々にまで行き渡れども、少しにてもわが方へ多く集めんと思へば、集まることは集まれども、其代りに民が散ずる。財が都合よく四方に散じ、上の人が無理をなさざれば、人民は利便を得て日に懐(な)づき集まる。散すとて何處へも逃げ失するものに非ず、宛も大軍の陣揃が潰(つい)ゆる如きなり。言悖とは、言語が皆條理に違うて無理の言い分となれば、向ふよりも其返答として又無理を言ふて來る。財宝も同様にて、無理に我が方へ取込む者は、又無理に人に取らるる。例せば無理に財貨を我が方に取り込めば、人心潰亂(かいらん)[EU]し、強訴[EV]起こり、戰爭起こり、天下大乱となり、曾て積み置きし財貨は一朝に盡くべし。歴代の歴史を通觀せば、皆此に外ならず、故に絜矩の道を要するなり。

EU　潰乱(かいらん)：ちりちりばらばらにくずれ乱れること。
EV　強訴(ごうそ)：正規の手続きを踏まず、徒党を組んで上位者に訴え出ること。

33　康誥曰、惟命不レ于レ常。道二善則得レ之、不善則失一レ之矣。楚書曰、楚國無二以爲一レ寶、
　惟善以爲レ寶。舅犯曰、亡人無二以爲一レ寶、仁レ親以爲レ寶。

康誥に曰く、惟れ命常に于てせず、と。善なれば則ち之を得、不善なれば則ち之を失ふを道ふ。楚書に曰く、楚國は以て寶と爲す無く、惟善以て寶と爲す、と。舅犯曰く、亡人は以て寶と爲す無く、親に仁するを以て寶と爲す、と。

この三ヶ条は、古語を引用して告げている。「命」とは天命で、その天命を受ければいつまでも動かないものと思うのは誤りだ。康誥にも、「惟れ命は常に於てせず」とある。天命を得ると否とは、善不善にあることを言っているのだ。善の字は初めの至善を承け、ここでは財用の取扱いが絜矩に合えば善であり、そうでなければ不善だ。

「楚書」とは、楚国の書。今亡いので、前後の文意はわからないが、大意は、楚国は大切だが、国を大切とはせず善を以て大切とする、というものだ。しかし、いかに国を愛しても、善を失えば必ず国を失う。これは善こそ国の至宝だということ。ここは、つまるところ、「宝」の字があるので引用

したもので、国を宝とするのは「財」を内にするがごとく、善を宝にすること。徳を本にするように。

「舅犯」は、晋の文公[EW]の母方の叔父で、「舅犯」とは、舅は母の兄弟のおじのことで、おじの子犯という名前の人。文公が国を逃げて秦にいる時、子犯が秦の穆公へ返答した語だ。流浪している文公は、国を得て宝とはしない。ただ親族と仲良く仁恩を失わないことを宝とすると。これまた、楚書と同じ意味で、皆「宝」の字あるがために引用したものだ。

○下の「秦誓云々」は、人を選び用いることをいう。だからこの章を下に続けて説く説がある。なるほど善といい、仁親といい、人の上に義を取ってはいるが、やはりこの章は、前文の意を承け、「宝」の義をとるを善しとする。天下の要道は、絜矩であり、絜矩の道においては、財用ほど大切なものはない。故にここで財宝の事を言い、次に人の選用を言い、最後にまた財用を言って一篇をしめくくる。込み入っているようだがかえって優れて奥深い。程子はこれを錯簡[EX]とした。朱子もこれには従わなかった。

EW　晋の文公：紀元前六九六〜六二八。春秋時代の晋の君主。国内の内紛を避けて十九年間諸国を放浪した後、帰国して君主となって天下の覇権を握り、斉の桓公と並んで斉桓晋文と称され春秋五覇の代表格となった。

EX　錯簡：順序があやまっていること。

◆方谷文

此三ヶ条は、古語を引いて之を證するなり。命は天命にて、天命を受くれば何時迄も動かぬものと思ふは誤りにて、康誥にも、惟れ命は常に於てせずとあり。之を得ると否とは、善不善にあるを謂ふなり。善の字は初めの至善を承け、此處にても財用の取扱いが絜矩に合へば善にて、然らざれば不善なり。楚書とは楚國の書なり。今亡ぶ、故に前後の文意知る可からざれども、大意に、楚國は大切なれども、國を大切とはせず、善を以て大切とすると。蓋し如何に國を愛するも、善を失へば必ず國を失ふ、是れ善こそ國の至寳なり。此處畢竟寳字あるを以て引用したるにて、國を寳にするは財を内にするが如く、善を寳にするは徳を本にするが如きなり。舅犯は晉の文公の母方の叔父にて、舅犯は子犯と云ふ人なり。文公國を亡（に）げて秦に在る時、子犯が秦の穆公（ぼくこう）へ返答せし語なり。言ふは流浪人の文公に在りては、國を得て寳とは致さぬ、只親族を睦て仁恩[EY]を失はざるを寳とすと。是亦楚書と同意にて、皆寳の字あるが爲め引用せしなり。

○下の秦誓云々は、人を選び用ふる事を言ふ。之を以て或は此章を下に続け説く説あり。成る程善と云ひ、仁親と云ひ、人の上に義を取る能はざるにあらねども、矢張り此章は前文の意を承け、寳の義を取るを善しとす。天下の要道は絜矩にして、絜矩の道に於ては、財用ほど大切なるものない。故に

---

EY　仁恩：思いやりの気持ちをもって恵むこと。

此にて財宝の事を言ひ、次に人の選用を言ひ最後に又財用を言ふて一篇を結ぶ、錯雜[EZ]せるが如くにて却って妙なり。程子は之を錯簡となせども、朱子なども既に之に従はず。

## 三、人の選用

34　秦誓曰、若有二一个臣一、斷斷兮無二他技一。其心休休焉其如レ有レ容焉。人之有レ技若二己有一レ之。人之彥聖、其心好レ之。不下啻若中自二其口一出上、寔能容レ之、以能保二我子孫一。黎民尚亦有レ利哉。

秦誓（しんせい）に曰（いわ）く、若（も）し一个（いっか）の臣（しん）有（あ）らんに、斷斷（だんだん）[FA]として他技（たぎ）無（な）く、其（そ）の心（こころ）休休（きゅうきゅう）[FB]として、其（そ）

EZ　錯雜：こみいっていること。
FA　斷斷：一徹。一つのことに専心するさま。
FB　休休：休には大の意味がある。心が大きいこと。

れ容るる有るが如し。人の技有るは己之れ有るが若くし、人の彦聖[FC]なるは、其の心之を好みす。啻[FD]に其の口より出づるが若きのみならず、寔に能く之を容る。以て能く我が子孫を保んず。黎民[FE]尚ふ亦利有らんかな。

上文財用の事を言って小段落をつけ、ここからは人を選び用いることをいう。上文度々書を引用して論述しつくしている。故に、ここでは、ただ功により人を登用したり退けたりすることについていう。だいたい他の例は、皆前に論述していて、後に書や詩を引用している。ここでは全く文体が変わり甚だ奥深い。

○「秦誓」のこの語は、秦の穆公が人を用いることの悪かったことを後悔し、国の人々に誓った文だ。誠に実際の言であり、人を用いることを充分言い尽くし、能く絜矩の道に適っている。

---

FC　彦聖：徳がりっぱなこと

FD　啻：否定の不や、反語の何、奚などの下につけて「不啻・・（ただに…のみならず）のように読み、単にそればかりではないという意味を表す。

FE　黎民：衆民。民衆。

その言にいうここに一人の臣下がいる。一徹で、外にこれといった取り柄もないが、心大きく安らぎ落ち着いて、人と争い競わず度量が大きい。自分の才能や知識にうぬぼれることもなく天下の物皆我が心の内に容れてしまうような度量だ。

天下には自分より優れた人がいる。或いは政治に長じていたり、或いは兵術に長じていたりする。そのような人がもっている特技は我が身にあると同様に、一点の私もない。

彦聖とて、大道に通じ義理に明るい人いれば、心からそれを好き悦ぶ。その悦び方は普通の人の喜びかたと違い、唯口に出すばかりではなく、まさしくこれを容れ、心底からその彦聖人を自分の側へ容れて、その人のすることは自分のしたことのように、同心同腹となる。

人はどんな人でも、体が別れているので別々の個体だが、この人はその間隔がない。このような一人の臣を用いたなら、我一人ばかりではなく子孫まで安穏にしてくれる。

また子孫ばかりでない。すべての人々が皆恩恵をうけられるので、このような人を用いるべきだ。

さてこの人は、これといった取り柄がないのではなく、実はたいへんな才能があるのだ。天下の才能ある人知略ある人を皆我が物にしてしまう人だ。

### ◆方谷文

上文財用の事を言うて小段落をつげ、此よりは人を選び用ふることを云ふ。上文度々書を引いて論述すること頗る盡くせり、故に此處は唯人を黜陟FFする事に就て言へり。凡そ他の例は皆前に論述する所あり、後に書や詩を引けり。此處は全く文體が變りて甚妙。

○秦誓の此語は、秦の穆公が人を用ふることの悪しかりしを後悔し、國人に誓ひし文なり。誠に実地の言にて、人を用ふることを充分言ひ盡くし、能く絜矩の道に適へり。其言に云ふ、茲に一人の臣下あり、斷斷と他の技藝は斷へて取る可き所はないが、休休焉と安らかに落ち着いて、物と爭ひ競はず、其の度量如何にも大きく、自分の才力識量など少しも高ぶらうとせず、天下の物皆我心の内に容れてしまへる如し。天下には我より優れたるものもある。或は民政に長じ、或は兵術に長ずるもある。凡そ人の有てる技は我身に在ると同様に、一点の私もなし。彦聖とて、大道に通じ義理に明かなる人あれば、心に其れを好き悦ぶこと、常人の喜ぶのと違ひ、啻に口に出す許りではない、寔に能く之を容れ、心底から彦聖人を我方へ容れて、其人の爲せしことは我の爲した如く、同心同腹になる。凡そ如何なる人にても、體が別るれば、茲に間隔を生ずれども、此人は其の間隔がない。此の如き一介の臣は是を用ひなば、我一代許りではない。子孫まで安穏にして呉れる人である。又獨り子孫ばかりではない、生きとし生きる黎民は皆利澤を被るべければ、此の如き人を用ひねばならぬと。さて此人は他技なきも、実は大藝ある人にして、天下の才智智略を皆我物にしてしまう人なり。

FF　黜陟：功の有無によって官位をあげさげすること。ちゅっちょく。

35　人之有レ技、媢嫉以悪レ之。人之彦聖、而違レ之俾レ不レ通。寔不レ能レ容、以不レ能レ保二我子孫一、黎民亦日殆哉。

人の技有るは、媢嫉FGして以て之を悪み、人の彦聖なるは、之に違ひて通ぜざら俾む。寔に容るる能はず。以て我が子孫を保んずる能はず、黎民亦日に殆い哉。

これは、前と反対に絜矩に背く人だ。他人に優れたところがあっても、それは我が身より出ることではないので、妬みにくんでその人を避けようとする。

また、徳高く道理に通じた人を見ると、人はこの人を好むものだが、自分は悪み反対し、その人の言は拒み妨害して通じないようにする。心底から嫌うのである。このような人物を用いたら、たちまち国は乱れ子孫の安泰を保つことはできない。子孫だけでなく、国中の人々危なくなり、どんな災い

FG　媢嫉：ねたみ、そむくこと。

を被るかわからない。だから、このような人を用いてはならない、のだ。

○以上穆公の言。この言を引用しただけで、別に説明することもなく人を選ぶことはここに言い尽くされている。前は絜矩に適う人で、後は適わない人だ。絜矩は、我と人とその間にかたよる偏頗（へんぱ）FH なく、私なく、上下左右前後皆一様になることだ。即ち誠意である。前者は誠意より起こり、平天下に終わる。後者は、他人のすることは皆悪み嫌い、上下左右前後皆「私」となり、全く絜矩に反する。これを読む人はこの意味を納得すべき。絜矩の人が用いる人は皆絜矩に適う人だ。大学の道を学ぶのは、このところを学ぶのだ。一口に言えばなんでもないようだが、誠意正心の努力工夫を積んだ人でなければできない。このところ、王子の抜本塞源論に引き合わせてみるべきだ。

「断断として他技無し」【断断無二他技一】は、技術や才能は不用だというのではなく、人はだれでも長けているところがある。その長けているところを活かし一体としていくことだ。あたかも一身に手足があって、手は持ち、足は歩き、耳は聞き、目に見るのも皆一身のように。我の才能は人の才能、人の才能は我の才能というように分け隔てないのを善しとする。従って、我が才能をもって才能とせず、天下の才能をもって我が才能とする。これが、「他技無し」【無二他技一】の光景だ。娼嫉の人は、とかく一芸を誇り、自分の優れたもので天下を思い通りにしようと欲し、天下を乱す本となる。心す

FH　偏頗：かたよること。不公平。えこひいき。

べき事だ。

◆方谷文

此は前と反対に、絜矩に背く人なり。他人に一藝[FI]あるも、其れは我身より出でぬこと故、嫉み惡みて兎角其人を遠ざけんと欲し、又彦聖聡明なる人は、衆人之を好むものなるも、己は之を惡み反対し、其人の言は拒み妨げて一向通ぜしめず、誠に心底から之を嫌へり。斯様な人物を用ひば、忽ち國家亂れて子孫を安んじ保つこと能はず、獨り子孫のみならず、國中の黎民も亦茲に危く、如何なる災ひを被るやも知れず、故に斯の如き人は用ひてはならぬと。

○以上穆公の言なり。此の言を引けるのみにて、別に説く所なけれども、人を選ぶことは茲に言ひ盡くして居る。前は絜矩に適ふ人にて、後は適はざる人なり。絜矩は我と人と其間に偏頗なく、私なく、上下左右前後皆一様になるなり。卽ち亦誠意なり。前者は誠意より起こり、平天下に終る。後者は他人の爲せることは皆此を惡み、上下左右前後皆私となり、全く絜矩に反す。讀むもの此意を合点すべし。絜矩の人が用ふる人は皆絜矩に適ふ人なり。大學の道を學ぶは此處を学ぶなり。一口に言へば、何でもなきが如くなるも、誠意正心の工夫を積みし人ならではできぬ。此處王子の抜本塞源論に引き

FI　藝：わざ。働き。才能。

合せて見るべし。「斷斷無二他技一」は、技藝は不用と云ふに非ず、人々氣稟[FJ]に因り長ずる所あり、各其所長に依て行くこと、恰も一身に手足ありて手は持ち、足は行き、耳は聞き、目に見るも、皆一身なる如くなるべし。我の藝は人の藝、人の藝は我の藝と、分け隔てなきを善しとす。從って我藝を以て藝とせず、天下の藝を以て我藝とす。是れ「無二他技一」の光景なり。娼疾の人は兎角一藝に誇り、我一流を以て天下を思ふ通りにせんと欲し、却って天下を亂す本になる、心すべきことなり。

３６　唯仁人放二流之一、迸二諸四夷一、不三與同二中國一。此謂三唯仁人爲二能愛レ人能惡一レ人。

唯仁人[FK]之を放流[FL]し、諸を四夷に迸けて、與に中國を同じうせず。此を唯仁人のみ能く人を愛し能く人を惡むを爲すと謂ふ。

---

ＦＪ　稟：生まれつき。

ＦＫ　仁人：仁を狭義に解すと知、仁、勇の情け深いということになるが、広義に解すと中庸の誠に当たる。故に仁人は誠の人、本物の人と解す。知仁勇の三徳兼ね備えた人。

ＦＬ　放流：追放すること。

これより以下記者の書いたものだ。

かりにも仁人が上にいるからには、上文で述べたように媢嫉の悪人は必ず悪んで追放し、国外へ逐（お）いのけて国内では位置がないようにする。「迸」は、逐（お）い払って外に走らす意味で、これを「仁人よく人を愛しよく人を悪むという。孔子も「仁者のみ能く人を愛し能く人を悪む」（論語里仁篇）と言われたように、仁者はもとより人を愛すが、悪人は悪む。これが愛憎からくれば「私」だ。意の一念誠からくれば「公」だ。公は、好色を好み悪臭を悪む[FM]と、というように誠意よりくれば普通のことだ。善人にしても悪人にしても、誠意ある人でなければ見分けにくいのはこのところだ。「諸を四夷に迸ける」は、即ち悪臭を悪むようにすることだ。

### ◆方谷文

此より以下記者の筆なり。苟も仁人上にあるからは、上文に述べたる如き媢嫉の惡人は必ず之を惡みて放流逐斥（ちくせき）[FN]し、四夷の遠方に逐（お）ひのけて中國には置かぬやうにする。迸は逐払（おいはら）うて外に走らす意にて、此を仁人よく人を愛しよく人を惡むとは謂ふなり。孔子も「仁者能愛レ人能惡レ人」と云はれ

---

FM　好色を好み悪臭を悪む：誠意章で言ったように、自分を欺かず意を誠にするとは、悪い臭みをいやだと嫌い、夜明けの何ともいえない好い色を好むようなもの。これは自分に正直でみずからこころよいこと。

FN　逐斥：しりぞける。

たる如く、仁者は固より人を愛すれども、悪人は之を悪む。而して是が愛情の上より來れば私なり、意の一念誠なる處より來れば公なり。公は宜しく好色を好み悪臭を悪むと一般なるべし。善人と云ひ悪人と云ふ、誠意の人ならでは見分け難きも此處なり。「迸二諸四夷一」は即ち悪臭を悪むが如くするなり。

**37　見レ賢而不レ能レ擧、擧而不レ能レ先、命也。見二不善一而不レ能レ退、退而不レ能レ遠過也。**
賢を見て擧ぐる能はず、擧げて先んずる能はざるは命なり。不善を見て退くる能はず、退けて遠ざくる能はざるは過ちなり。

人を用いるのは容易ではない。ここは前段の反面を述べる。
ここに賢者とみても挙げ用いることができない、また挙用しても自分より前きに立てても委任することができない、これは命ということができる。「命」については諸説あるが、まず、字面通り解すべき。即ちやむを得ない事情が存在するのだろうということで命という。しかし、不善人を見て退けることができない、退けても外へ遠ざけるほどのことをしないのは、これは過ちだ。その人に悪気がなくても、所作結果が過っている。前はやむを得ない天命から「命」という。即ち時節の上の立言だ。後は、人の選用を誤ったことよりくる、人の上での立言だ。前とてもこれでいいとは言えないが、気運で致し方ない場合があることを精しくこまかに言ったものだ。

※　私見

「命」を「怠」と間違え「おこたり」と読む説にも納得する。

命と怠は、古い字でみると、命　怠　で、同じような形をしている。

そこで、賢人を挙げ用いることは、決して容易ではない。賢人を見出し登用することは従前の要人たちに脅威を与え嫉妬を起こさせたりする。また、登用しても、上の人より仕事ができることで人に信用を得ることもある。だから、意図的に挙用しないおこたりとも言える場合もある。そこまで意識しないで組織の使命感薄く全く怠りとして挙用しない場合もある。

いずれにしても、賢人を挙げ用いないのは地域の国の人類の損失だということを知るべきだ。賢人は見つける気になればいる。備中松山藩主板倉勝職が山田方谷を見出したように、そして命として最初は二人扶持、そして徐々に認められ、ついには藩政塾頭となった。そしてまた十分時を得て、元締役を拝命された、これも天命か。

◆方谷文

凡そ人を用ふるは容易に非ず。此處は前段の反面を述べて曰く、茲に賢者と見ても之を擧げ用ひる能はず、又之を擧用するも、自分より前きに立たして全く委任する能はず、是は命とも云ふべしとなり。命につきては諸説あれども、先づ字面通り解すべし。卽ち其所に已むなき事情が存在せるならんとて命と云ふなり。然し不善人を見て之を退く能はず、退けても四夷に遠ざくるほどの事をせねば、是れ過ちである。其人に惡心あるには非ざれども、所作が過って居るなり。前は已むなき天命から言ふ。卽ち時節の上の立言なり。後は人の選用の誤れるより來る、卽ち人の上の立言なり。前とても是で宜しきには非ざれども、氣運にして致し方なき場合あるを委曲FOに言ひしなり。

38　好二人之所一レ惡、惡二人之所一レ好。是謂レ拂二人之性一。菑必逮二夫身一。

人の惡む所を好み、人の好む所を惡む。是を人の性に拂ると謂ふ。菑必ず夫の身に逮ぶ。

ここは、更に一層進めていう。

世には不善を遠ざけることができないだけでなく、かえって悪人を好み賢人を悪み、好悪全く人に

FO　委曲：こまかに

反する人いる。だいたい人の性は、賢人を好み悪人を悪むものだ。しかし、前のような人は、これぞ「人の性に拂り」違う人であり、遂には禍にかかり、身を安んじることができない。

○36章句「唯仁人之を放流し」からここまで三段に分けて説いている。初めの仁人は、心に好悪が分かり明らかにして、能く人を愛し能く人を悪むけど、終わりの一段は、正反対で、好悪が転倒している。そして、その中間に「命」「過」の二字を出すとはすこぶる妙である。命即ち時節により仕方ない時もあり、過誤によれば当然のこともある。平凡な人の態度は皆このようなものだ。それがこうして主体無く流れると好悪相反するように至るものだ。

◆方谷文

此處は更に一層を進めて言ふ。世には不善を遠ざくる能はざるのみならず、反て悪人を好み賢人を惡み、好惡全く人と反するものあり。凡そ人の性は賢人を好み惡人を惡むものである。然るに前の如き人は、是ぞ人の性に拂り違ふ人にて、遂には禍にかかり身を安んずる能はずといふなり。

○「唯仁人放二流一之」より此處まで三段に分かちて說けり。初めの仁人は心に好惡の分かち明らかにて、能く人を愛し能く人を惡めども、終わりの一段は、宛も正反対にて、好惡顚倒す。而して其中間に命禍の二字を出だせるは最も妙にて、命卽ち時節に由って然るあり、過誤に由って然るあり。凡庸人の態度は、皆此等の處なり。其れが遂に流れて好惡相反するに至るものとす。

## 39　是故、君子有二大道一、必忠信以得レ之、驕泰以失レ之。

是故（このゆえ）に、君子（くんし）に大道（たいどう）有（あ）り。必（かなら）ず忠信（ちゅうしん）以（もっ）て之（これ）を得（え）、驕泰（きょうたい）以（もっ）て之（これ）を失（うしな）ふ。

ここの終わりに、また人の用い方を言っている。これは遙（はる）かに大本の誠意を承けたものだと知らなければならない。君子は天下を治める人だ。この君子たる人には、大なる道筋がある。大道とは何か。即ち絜矩の道だ。絜矩の道を得るには如何にするか。必ず忠信以てしないわけにはいかない。忠信とは誠のことだ。忠は自然に発して一点の「私」も「偽り」もないもので、それが外に現れ物に接して「忠」と少しも違わないのが「信」だ。これをまとめて言えば、「誠」だ。天下の大道は、この「忠信」の「誠」から出てくるものだ。故に「驕泰[FP]以て之を失う」【驕泰以失レ之】という。驕は高ぶり驕り、泰は自身を傲慢に構えて人を人とも思わぬような態度である。二字とも「私」のみを主にして少しも

---

FP　驕泰：驕は、馬偏に喬であり、喬とは、馬が跳ね上がり後ろ足で立った状態から、うぬぼれ、おごりの意味をあらわす。泰は、やすらかと読み安泰の意味でもあるが、忠信に対する意味でとらえると、やすらかが行き過ぎ、気が緩み怠慢の意味をあらわす。

戒愼恐懼の心がない。だから、真の大道を失う。
○人を用いるには、自然の「誠」から出るのと、一個の「私」より出るのとがある。絜矩ある君子は誠心より出て、よく賢を好み悪を退け、小人は私心に本づいて、不賢を好み賢を退ける。故に忠信と驕泰とを以て緊しくゆるみなく前文をまとめる。

### ◆方谷文

此處は終りに又た人の用ひ方を言ひ、遙に大本の誠意を承けたるものと知るべし。君子は天下を治むる人なり。此の君子たる人には、大なる道筋がある。大道とは何ぞ、卽ち絜矩の道なり。絜矩の道を得るには如何せんか、必ず忠信を以てせざる可からず。忠信は卽ち誠なり、忠は自然に發して一点の私も僞りもなきもの、其れが外に現はれ物に接して少しも違はぬは信なり。之を總べて言へば誠なり。天下の大道は此忠信の誠から出て來るものなり。故に又「驕泰以失レ之」と云へり。驕は高ぶり驕り、泰は自身を尊大に構へて人を人と思はぬにて、二字とも私のみを主にして、少しも戒愼恐懼の心なし。故に眞の大道を失ふなり。
○人を用ふるには、自然の誠から出づると、一箇の私より出づるとあり。絜矩ある君子は誠心より出でて、能く賢を好み惡を退け、小人は私心に本づきて、不賢を好み、賢を退く。故に忠信と驕泰とを以て緊しく前文を統ぶなり。

# 四、財用の取扱、まとめ

40 生レ財有ニ大道一。生レ之者衆、食レ之者寡、爲レ之者疾、用レ之者舒、則財恒足矣。

財を生ずるに大道有り。之を生ずる者衆く、之を食らふ者寡なく、之を爲る者疾く、之を用ひる者舒やかなれば、則ち財恒に足る。

前段までは、人の選用を言い、ここでは財用をいい、これで『大學』の終わりとなる。

だいたい天下の事は財用を重要とする。孟子の王道を説くにも、財用を重要視している。即ち一日も無くてはならないもので、天下治乱も財の乏しさと豊かさに由る。堯が舜に命じたのも、「四海困窮せば天禄永く終らん」【四海困天禄永終】というものだった。今日の富国強兵も、皆財用に本づく。とはいっても財用の取扱いが悪ければ、これまた財を以て国を亡ぼすようになる。自然の誠意よりで財を積み国を富ませば王道となる。権謀術数を以て国を富ませば覇術だ。王と覇の別はここにある。

又財用は、取り扱う人を選ぶことが肝要だ。その人が悪ければ国は亡ぶ。

さて、絜矩の根本が立てば宜しいという中に、財用は肝要だから、またここへ出して天下政事の根本をいう。前に一度財の事を言ったが、その処は徳を主として言い、ここは作用の上でのことを委(くわ)しく言う。財は、手を組んで何もしないで座っていてできるものではない。だからといって、誠意に本づけば財もできるとはいうが、その作用を説明しなければ人心におちない処がある。故に「財を生ずるに大道有り」と言い出している。前の「君子に大道有り」は、天下を治める大学の道だ。これは、財を生じる大道大筋だ。世にこの大筋を棄てて小さなところをほじるものがいる。これは世俗の利を計るものだ。天下の財を産むのに、ただ一家の利を謀るようなことではいけない。よって「大道あり」と呼び起こし、我一己のためにする小道に対していうのだ。

「之を生ずる」【生レ之】の「之」は財を指す。「生ずる」とは、人間が働いて財を生じることだ。「之を食らう」【食レ之】とは、食いつぶすことだ。ただし、食らうのみならず、衣服器械日用の消費皆そうだ。そこで、働いて造るものが多く、食いつぶすものが少なければ、財は多くなる。財用を制する人は、この大勘定を立てなければならない。この勘定を立てるには作用[FQ]がある。即ちこれを生じる農民が第一だけれども、その他万ずの業とする者皆肝要だ。そして、その財は、天下に広めて天下万民の用をなすものでなければ、真に財を生じるものではない。同じように生じるにしても、天下の

FQ　作用：意識の志向的（目的に向かう）働き。※目的意識と問題意識などの意識、モチベーション、生き生きさ。

ために生じるのと、一己のために生じるのは別物だ。故に各々身を勤め骨を折って財を生じるようだけれども、かえって財を尽くしてしまう結果を生じることもある。また、食いつぶして何もしないようだけれども、これが財を生じることもある。またこれが第一の仕事としてつとめていくこともある。以上引き続べて言ったけれど、その中に小さな作用がとても多いと知るべき。

「之を爲る者疾く」【爲レ之者疾】とは、早くできるようにすることだ。例えば、一年は一月に、二日に一日にというようにする。これには第一に民が勤めて怠らぬことが関係する。だから、その仕方に巧い下手がある。無駄骨を折らないようにしなければならない。西洋人が早くから知識を開き器械を作ったのは、「疾く」のためだ。だから、上の者は、民に巧みに器械を利用してしっかり勤めさせる。財は民にばかり任せて、自然に生じるものではない。「之を用いるは舒やかに」【用レ之者舒】とは、一年に用い尽くすのを二年にのばし、一月を一年にのばすことだ。これも倹約して徐々にのばしていくので、吝嗇にしなさいという意味ではない。それぞれの法度があるので、無用の費用を取り去れば自然に「舒やか」になる。

要するに、「生じる」と「食らう」、「爲(つく)る」と「用いる」とを、いつも対照して総勘定FRを立て、

---

FR　勘定：考え積算の基礎を明らかにして予算をたてること。見積もる事。

総会計FSをしなければならない。

「財恒に足る」【財恒足】とは、恒の字が重要。百世を経ていかなる変が生じても、財計富足して欠乏なしということ。

さて、以上の大筋を立てるのが「大道」であり、大会計だ。天下の公を忘れ、一己の私をなすようでは、この大会計は成し遂げられない。上の人利を計れば、民もまた利を計る。故に一点の私なき誠意正心の処より出るを肝要とする。これが徳だ。徳は仁だ。故に下文に仁者を述べる。

◆方谷文

前段迄は人の選要を言ひ、此處には財用を言ふ。是にて大學の終りとなる。凡そ天下の事は財用を重しとす。孟子の王道を説くにも、亦財用を重んぜり。卽ち一日も無くてはならぬものにて、天下治亂も財の乏しきと豊かなるに由る。堯が舜に命ぜるも、「四海困窮天祿永終」とまで言へり。今日の富國強兵も、皆財用に本づく。されども財用の取扱ひ惡しければ、是れ亦財を以て國を亡ぼすに至る。自然の誠意より出でて財を積み國を富ませば王道なり。權謀術數を以て國を富ませば覇術なり。王覇の別此に在り。又財用は、取り扱ふ人を選ぶが肝要なり。其人惡しければ國亡ぶ。さて絜矩の根本が

FS　会計：出納を記録し、計算し、診て管理する事。それを公開する事。

立てば宜しと云ふ中に、財用は肝要なる故に、又此處へ出だして天下政事の根本を言ふ。前に一度財の事を言ひしも、其所は徳を主として言ひ、此處は作用の上を委(くわ)しく言ふ。財は拱手(きょうしゅ)[FT]安座[FU]してできるものに非ず。さりとて、誠意に本づけば財もできると云ふなれども、其作用を説明せざれば人心に落ち着かぬ處がある。故に「生レ財有二大道一」と言ひ出す。前の「君子有二大道一」は天下を治むる大學の道なり。此は生財の大道大筋なり。世に此大筋を棄て区区[FV]小さき処をほぜくるものあり、是れ世俗の利を計るものなり。天下の財を生出(せいしゅつ)[FW]するに、唯一家の利を謀るやうなことではならない。因って大道ありと呼び起こし、我一己の爲にする小道に對して云ふなり。「生レ之」の之は財を指す。生ずるとは人間が働いて財を生ずるなり。「食レ之」とは食ひつぶすなり。但し食らふのみにあらず、衣服器械日用の消費皆然り。そこで働いて造る者多く、食ひつぶすもの少なければ財多し。財用を制する人は、此大勘定を立てざる可からず。此勘定を立つるには作用あり、即ち之を生ずる農民が第一なれども、其他萬づの業とする者皆肝要なり。而して其財は天下に廣めて天下萬民の用をなすに非ざれば、眞に財を生ずるにても、天下の爲に生ずると、一己の爲に生ずるとの別

---

FT　拱手：手を組んで何もしないこと。
FU　安座：現状に安んずること。あぐらをかいてくつろぎ座ること。
FV　区苦：小さくてつまらないさま。
FW　生出：うむこと。

あり。故に各々身を勤め骨を折りて財を生ずるやうなれども、却って財を盡くす結果を生ずるあり。又食ひつぶして何もせぬやうなれども、是が財を生ずるあり。又た却って是が第一の職をつとめて行くもある。以上引き總べて言ひたれども、其の中に小さき作用甚だ多しと知るべし。「爲レ之者疾」とは早く出來るやうにするなり。例せば、一年は一月に、二日に一日にと云ふやうにする。是には第一民が勤めて怠らぬに在り。而して其仕方に巧拙あり。無駄骨を折らぬやうにせねばならぬ。西洋人が早くより智識を開き器械を作るは、是れ疾なり。されば上たるものは、民をして巧みに器械を利用して能く勤めしめざる可からず。財は民にばかり任して、自然に生ずるものに非ず。「用レ之者舒」とは、一年に用ひ盡くすを二年にのばし、一月を一年にのばすなり。是とて儉約して段々にのびて行くにて、吝嗇にせよと云ふに非ず。夫れ夫れの法度がありて、無用の費を取り去れば自然舒となる。要するに生ずると食らふと、爲くると用ふると、いつも對照して總勘定を立て、總会計をなさざる可からず。「財恒足」とは、恒の字重し。百世を經、如何なる變生ずるも、財計富足して缺乏なきなり。さて以上の大筋を立てるが大道にて、大會計なり。天下の公を忘れ、一己の私をなすやうでは、此の大會計は成し遂げらるべきに非ず。上の人利を計れば、民も亦利を計る。故に一點私なき誠意正心の處より出づるを肝要とす。是れ卽ち德なり。德は仁なり。故に下文仁者を述ぶ。

41　仁者以レ財發レ身、不仁者以レ身發レ財。未レ有ニ上好レ仁而下不レ好レ義者一也。未レ有ニ好レ義其事不レ終者一也。未レ有下府庫財非ニ其財一者上也。

仁者は財を以て身を發し、不仁者は身を以て財を發す。未だ上仁を好みて下義を好まざる者は有らざるなり。未だ義を好みて其の事終はらざる者は有らざるなり。未だ府庫の財其の財に非ざる者は有らざるなり。

仁者は大道によって財を生じ、生じた財は一己を利せず万民を利す。これで天下は栄えるだけでなく、我が身は落ち着き安らぎ安心だ。これを「財を以て身を発す」【以レ財発レ身】という。また、不仁者は大道によって財を生じることを知らず、我身を全くはめ込み無理に財を作ろうとあせり、遂には身を滅ぼすようになる。これは仁者が財を生じる反対で、これを「身を以て財を発す」【以レ身発レ財】という。

苟も上に立って天下を治める人が仁を好めば、その効験[FX]は下に現れ、下の者が義を好むようにな

---

FX　効験：結果としての効果。

る。仁は万物一体の仁だ。好むとは、人間一念の起こる処で、真実の誠から出て天下を我一身とのみ感じて、その処から好むのが真に好むということだ。そうなると、これが直に天下に感通[FY]して、下の者が君臣上下の分を知り、一己の利を計らないようになる。これは下が義を好むことだ。上から下まで一体となれば、その感応は下より又上下一体になるのは必然の理だ。

つぎに、上は仁を好み、下は義を好むようになれば、何事も成就しないことはないということを述べる。これは効験であり、「府庫の財云々」も、効験のことをいっている。だから上文と一気に読むべき。「其の財」の「其の」は、天下を治める人を指す。上仁下義なら、財は悖[FZ]って出ないで、府庫の財宝は皆我財となる。この処をよく味わうことだ。府庫の財は我財のようなものだが、実は天下の民にあてるわけだから、天下の民に供する、それが即ち我財用だ。これは、「財を以て身を発す」という処にあたり、四海安楽天下無事で、我が身も万民と一体となってその楽を得られる[GA]。また、不仁者の「身を以て財を発す」は、孟子の「上下交々利を征(と)る」[GB]の処にあたり、上は仁を好まず、

FY　感通：自分の思いが他に通じること。
FZ　悖る：乱れる。そむく。さからう。
GA　其の楽を享ける：27、「詩云、楽只君子・・」参照。
GB　上下交々・・：孟子梁恵王章句上1。王から庶民まで我利益のみ追い求めたら国家は危うい。31徳本参照。

下は義を好まず、終には身滅び国亡ぶようになる。上述した誠意の工夫以外絜矩の大道が立たないためだ。

◆方谷文

仁者は大道に依りて財を生じ、生じたる財は一己を利せず万民を利す。是に於て天下榮ゆるのみならず、我身亦安し。是を「以レ財發レ身」と云ふ。又た不仁者は大道に依って財を生ずることを知らず、我身を全くはめ込みて無理に財を作らんとあせり、遂に身を亡ぼすに至る。是れ仁者の財を生ずる反対にて、卽ち「以レ身發レ財」と云ふ。苟も上に立ち天下を治むる人が仁を好めば、其効驗下に現れて、下たる者が義を好まざるものあらず。仁は萬物一體の仁なり、好むとは人間一念の起こる處にて、眞實の誠から出で、天下を我一身とのみ感じて、其處から好むが眞に好むなり。そうなると此が直に天下に感通して、下の者が君臣上下の分を知り、一己の利を計らぬやうになる。是れ下が義を好むなり。上から下に一體となれば、其感應は下よりも又上下一體になるは必然の理なり。次ぎに上は仁を好み、下は義を好むやうになれば、何事も成就せぬことはないと云ふ、是れ効驗なり。「府庫の財云々」も、又効驗を云ふ、上文と一氣に讀み下すべし。其財の其は天下を治むる人を指す。上仁下義なれば、財悖って出でず、府庫の財寳皆我財となる。此の處よく玩味すべし。府庫の財我有の如きも、實は天下の民に供する所以にして、天下の民に供する其れが卽ち我財用なり。是れ「以レ財發レ身」と云ふ處に當たり、四海安樂天下無事にて、我身も萬民と一體となりて其樂を享けることを得。又た不仁者の「以レ身發レ財」は、孟子の「上下交征レ利」[GC]の處に當たり、上は仁を好まず、下は義を好まず、終には身滅び國亡ぶるに至るべし。他なし上述せる誠意の工夫絜矩の大道が立たぬためなり。

**42**　孟獻子曰、畜二馬乘一、不レ察二於鷄豚一。伐冰之家、不レ畜二牛羊一。百乘之家、不レ畜二聚斂之臣一。與三其有二聚斂之臣一、寧有二盗臣一。此謂下國不二以レ利爲一レ利、以レ義爲上レ利也。

孟獻子曰く、馬乘を畜へば、鷄豚を察[GD]せず。伐冰の家には牛羊を畜はず。百乘の家には聚斂の臣を畜はず。其の聚斂の臣有らんよりは寧ろ盗臣有れと。此を國は利を以て利と爲さず、義を以て利と爲すと謂ふなり。

この一段は『大學』の結末で、財用の義をもって終結している。

---

GC　上下交征レ利（上下交々利を征れば、・・）：孟子梁惠王上篇1。孟子が梁の惠王に答えたことば。上の者も下の者も、めいめい自分の利益ばかり取ることを追い求めれば、そのような時は、国家は危うい。

GD　察す：目をかける。視る。よく見る。

孟獻子は魯の賢太夫。ここで、我家を治める法を言ったものだ。「乗」とは、車につける四頭の馬のこと。「馬乗を畜う」とは、士の分限。「鶏豚」は庶民がこれを畜って生活を立てるもの。士には士の秩禄[GE]がある、鶏豚を畜う者のように小事に気をつけて、私利を貪ってはならない（士としての俸禄がありながら内職をして庶民と利を争うようなことはしない）。「伐冰」とは、卿太夫[GF]以上の家老の分限。古は冬深山から氷を取ってきて氷室に蔵め、春夏の頃卿太夫に分け賜えた。卿太夫は喪祭のような大切な時、飲食が腐敗しないよう使用した。「伐冰の家」となれば、また一段私利に目を付けてならない故、「牛羊」の類を我家に畜わない（民の利益を侵害しない、人々の職を失うようにことはしない）。上には上の経済がある。下には下の経済がある。相互に侵さない。「百乗の家」は、与えられた土地がある卿太夫で、魯[GG]の三家[GH]のように、知行地より軍役即ち百乗の車を出す家。「聚斂の臣」とは、民から多くを取りあげ、上の台所を豊かにしようと、もっぱら御上のためになる筋だけを計るものだ。

GE　秩禄：官に応じた俸禄。
GF　卿太夫：周代の臣の三つの身分。即ち卿太夫、太夫、士。諸侯の臣の上太夫。
GG　魯：春秋時代の国の名。周の武王の弟周公旦が領地として与えられた国。それから八六八年続いた。孔子が生まれた国。
GH　魯の三家：魯の国で権勢を誇った太夫の家。十五代魯公である桓公の子孫である孟孫氏、叔孫氏、季孫氏をいうけれど、これは、かえって御上のためにはならず、このような臣は養い置くべきではない。季氏[GI]に仕えた冉求(ぜんきゅう)[GJ]のようなものは聚斂の士だ。前文の鶏豚と牛羊とは「客」で中心となるものではなく軽い、聚斂は「主」であり、重い。この聚斂の家臣がいるより、むしろ上の財物を盗む盗臣の方が、かえって害が少なく優っている。主人の物を掠め盗むのはもちろん大罪だが、害の及ぶ所は狭い。聚斂はいかにも君に忠するようにみえるが、財利の小臣俗論は皆これに陥り、かえって国を乱し滅亡させるようになる。

○孟獻子は、百乗の主でこの語があるので賢太夫といえる。この語は、善く絜矩の道に叶い、財政の要によくはまっている。絜矩の法で財を治めれば、その分限はよく立つ。これらで一寸伸ばせば、あちらで一寸縮む。上を富ませて下を縮めようとすれば、天下は争乱となる。このように一寸一分の出入りをないようにする。これが絜矩であり、財用の大筋だ。「馬乗を畜う者は鶏豚に目をかけず」、わずかでも目をかければその分彼の人達を侵すことになる。牛羊聚斂皆同じで、天下は、公平でない処から争乱が起こる。誠意一念の起こる処より出れば、家国天下は皆同一体となる。上を富まそうとの一念は聚斂となる。これでは我肉を切って食らうが如く、一体とはならない。誠意の一点私なき処よ

GI　季氏：季孫氏のこと。

GJ　冉求：孔子の門人。魯の人。政治的手腕がある。字は子有。

り仁を好めば、自然に一体となる。これを推し出せば左右前後皆絜矩の道に叶う。これは大学の大道にあたる。

「此れを国は利を以て利と為さずと謂う云々」【此謂三国不二以レ利為一レ利云々】とは、孟獻子の言がこれにあたるという。ここに利と義とを出している。元来利はなくてはならないものだ。国を治める人が自分を利そうと邪念を起こし、それを利だと心得るのは間違いで、これは利と言ってはならない。また、義は、上にいう「下義を好む」の義であり、国人の上下皆義の筋に従うようになる。これが真の利だ。道理に暗い匹夫匹婦は、一身一族のみを都合よくすることを利としても、国の君である天子の処では、天下全体を都合よくしなければならない。

このようにするには、義より外はない。義は即ち絜矩の道であり、不ぞろいなく公平にいくようになる。孟獻子の言はこのところにあたる。それが相互に利を争うようになれば、上下争奪して天下は大乱になり、不利になることこの上ない。

◆方谷文

此一段は大學の結末にて、財用の義を以て終結せり。孟獻子は魯の賢太夫なり。此處の語は、我家を治むる法を云ひしものなり。乗とは車につける四匹の馬なり。「畜二馬乗一」とは、士の分限なり。鶏豚は庶民の之を畜ふて生活を立つるものなり。士には士の秩祿あり、鶏豚を畜ふ者の如く小さき事に氣をつけて、利を貪りてはならぬ。伐冰とは卿太夫以上家老の分限なり。古は冬時深山より氷を取り來て是を氷室に藏め、春夏の候之を卿太夫に分賜す。卿太夫は喪祭の如き大切の時、飲食の腐敗せぬやう使用す。さて伐冰の家となれば、又た一段利に目をつけてはならぬ故に、牛羊の類は之を我家には畜はぬ。上は上の經濟あり、下は下の經濟あり、相互に侵さぬなり。「百乘之家」は采地GKある卿太夫にて、魯の三家の如く、知行地より軍役卽ち百乘の車を出す家なり。聚斂之臣とは、民より多く取り上げ、上の壹所を豊かにせんと、專ら上の御爲め筋をのみ計るものなり。されども是は却って御上の爲めならず、斯の如き臣は養ひ置く可からず。季氏に仕へし冉求の如きは卽ち聚斂の臣なり。前文の鶏豚と牛羊とは客なり、輕し、聚斂は主にて重し。此聚斂の家臣あるよりは、寧ろ上の財物を盜む盜臣あるが却って害少なくしてまされり。主人の物を掠め盜むは勿論大罪なれども、害の及ぶ所狹し。聚斂は如何にも君に忠するが如く、財利の小臣俗論皆此に陥り、却って君國を亂亡せしむるものなり。

○孟獻子は、百乘の主にして此語あり、賢太夫と云ふべし。此語は絜矩の道に叶ひ、財政の要に能くはまれり。絜矩の法を以て財を治むれば、其分限能く立つものなり。こちらでも一寸のばせば、あちらにて一寸縮む、上を富まして下を縮めんと欲せば、天下爭亂す。彼れ此れ一寸一分の出入なきやう

---

GK　采地：卿太夫が天子から与えられた土地。

にする。是れ絜矩にて、財用の大筋なり。馬乗を畜ふ者は鶏豚に目をかけず、一分にても目をかけば一部彼を侵せるなり。牛羊聚斂皆同じ、天下は公平ならぬ處より爭亂起こる。誠意一念の起こる處より出づれば、家國天下皆同一體となる。上を富まさんとの一念起これば聚斂となる。是では我肉を切って食らふが如く、一體とはならぬ。誠意の一點私なき處より仁を好めば、自然一體となる。是を推し出せば左右前後皆絜矩の道に叶ふ、是卽ち大學の大道に当たる。「此謂三國不二以レ利爲一レ利云々」とは孟獻子の言が是に當たると云ふなり。茲に利と義とを出せり。元來利はなくてはならぬものなり。國を治むる人が自分を利せんとの邪念を起こし、其れを利なりと心得るが間違ひにて、此は利と云ふ可からず。又た義は上に云へる「下好レ義」の義にして、國人上下皆義の筋に從ふやうになる。是が眞の利なり。匹夫匹婦は一身一家のみを都合よくするを利となさんも、國君天子の處では天下の全体を都合よくせねばならぬ。斯くするには義より外ある可からず。義は卽ち又た絜矩の道にて平均公平に行くなり。獻子の言は此處に當たる。其れが相互に利を爭ふやうになれば、上下爭奪天下大亂にて、不利なること此上なし。

43　長二國家一而務二財用一者、必自二小人一矣。彼爲レ善レ之、小人使レ爲二國家一、菑害竝至。

雖レ有二善者一、亦無二如レ之何一矣。此謂下國不二以レ利爲一レ利、以レ義爲上レ利也。

國家に長として財用を務むる者は、必ず小人に自る。彼之を善くすると爲して、小人をして國家を爲め使むれば、菑害竝び至る。善者有りと雖も、亦之を如何ともする無し。此を國は利を以て利と爲さず、義を以て利と爲すと謂ふなり。

以下は孟獻子の反対に小人の害をいう。

「務むる」とは、その方へだけ目がついて、ここへばかり気が寄ることをいう。そこで、国天下を治める地方にあって、財用のみに目がつく政事が出てくれば、必ずその処に小人が一人いる。小人とは、意の誠でない人で、大人の反対の人。

およそ国天下を治めるにあたり、地位を求めるか或は権力を欲するか、何かその処に一つ「私」する所あれば、一念の誠から起こるものではない。その事は立派でも、一心は違っている。事業は広大でも、五尺の体一身の慾に落ちてしまう。ここが小人なのだ。

君子大人は、民が少しでも傷み悲しめば、我身へ針でも立ったように感応し、心配するものだ。その間に一点の「私」も、「慾」もない。この処が大人と小人の分かれ道だ。

「彼之を善くすると為して」【彼為レ善レ之】とは、朱子は誤って書き入れられた文としたが、古本ではそうではなくこのままでよい。「彼」とは、小人を用いる人を誡め貶める辞で、「之」とは小人を指す。彼の人君が小人を善として政を執らすと、災害が次から次へと起こってくる。「災」は人力で止め難い天災で、「害」は外患[GL]内乱のようなもの。皆政事の悪しきから来る。「並び至る」は、一時に続いて来ること。こうなれば、たとい善き君子政事家がいても、何とも手のつけようがなく、とても挽回はむずかしい。善者は、いわゆる「至善に止まる」の人で、いかなる人でも致し方なしと、深く戒めている。

「此れを云々謂う」は、前の辞を再び重ね、前は獻子についていい、これは全体の総括りとする。利を以て利となせば、上文のような災害があり、宜しく孟獻子のように義を以て利となすべし、と終結する。

○ここは財用を務める小人の上に就いて終結する。ものすごく妙味がある。

前に「財を生ずるに大道有り」は、大人の誠意から起こる天下大経済の作用を言い、「之を生ずる

GL　外患：外部からの攻撃・圧迫。人災のようなもの。

者云々」の箇条を挙げ精密を極めている。これを一冊の経済書と見るも可能だ。最後に財を務める小人をだして相反映させる所を注意すべき。大人の根本は、仁より来り、小人は一念の私より来る。よって聚斂の政となり、災害並び至ることになる。これは権謀術数をたっとび、根本の仁に据らないためだ。

さて、ここまでで『大學』も終わりだ。そこで、『大學』の筋道は、誠意より治国平天下の上に至ることが肝要だ。努力工夫は誠意であり、功業(GM)があらわれる処は治国平天下だ。この処をよくよく玩味すべき。

◆方谷文

以下は孟獻子の反対に小人の害を言ふなり。務とは其方のみに目がつきて、是へ許り氣が寄るなり。そこで國天下を治むる地方に在りて、財用のみに目がつく政事出づれば、必ず其處に小人が一人居る。小人とは意の誠ならざる人にて、大人の反對なり。凡そ國天下を治め、或は地位を求むるか、或は権力を欲するか、何か其處に一つ私する所あれば、一念の誠から起こるに非ず、其事は立派でも、一心は違ふて居る。其業は廣大でも、五尺の體一身の慾に落ちてしまふ。ここが小人なり。君子大人は、

GM　功業：てがら。功績。

民が少しにても傷めば、我身へ針でも立つる如く感應し、心配するものなり。其間に一點の私も慾もなし。此處が大人小人の分かちなり。「彼爲レ善レ之」とは、朱子は衍文(えんぶん)GN となせども、古本では然らず、此儘にてよろし。彼とは小人を用ふる人を誡め貶したる辭にて、之とは小人を指す。彼の人君が小人を善として政を執らしむれば、菑害竝び至る。菑は人力の止め難き天菑(てんさい)にて、害は外患内亂の如きものなり。皆政事の惡しきより來る。竝至は、一時に續いて來る。斯くなれば、たとひ善き君子政事家がありても、何とも手のつけやうなく、とても挽回はむづかしとなり。善者はいはゆる「止二至善一」の人にて、如何なる人にても致し方なしと。深く戒めたるなり。「此謂云々」は、前の辭を再び重ね、前は孟獻子につきて云ひ、是は全體の總括りとなす。利を以て利となせば、上文の如き菑害あり。宜しく孟獻子の如く義を以て利となすべしと終結するなり。

○此處は財用を務むる小人の上に就いて終結せり、頗る妙味あり。前には「生レ財有二大道一」とて、大人の誠意から起こる天下大經濟の作用を言ひ、「生レ之者云々」の箇条を擧げて精密を極む。是を一部の經濟書と見るも可なり。最後に財を務むる小人を出だし相反映せしむる所、注意すべし。大人の根本は仁より來り、小人は一念の私より來る。因って聚斂の政となり、菑害並び至ることになる。是れ權謀術數を尚び、根本の仁に据(すわ)らざるためなり。さて此處までにて大學も終れり。そこで大學の

GN　衍文：誤って書き入れられた文。

筋道は、誠意より治國平天下の上に至るが肝要なり。工夫は誠意にして、功業のあらはるる處は治國平天下なり。此處を能く々々玩味すべし。

# 主な引用及び参考文献等


『山田方谷全集」（全三冊）』（山田　準、山田方谷全集刊行會）

『山田方谷の詩』その全訳（宮原信、明徳出版社）

『かな大學』（伊與田覺、致知出版社）

『かな論語』（伊與田覺、論語普及会）

『入門山田方谷』（山田方谷に学ぶ会、明徳出版社）

『山田方谷とその門人』（朝森要、日本文教出版）

『山田方谷ゼミナール』全七冊（方谷研究会、吉備出版）

『備中聖人山田方谷』（朝森要、山陽新聞社）

『備中松山藩の研究』（朝森要、日本文教出版）

『山田方谷に学ぶ改革成功の鍵』（野島透、明徳出版社）

『山田方谷から三島中州へ』（松川健二、明徳出版社）

『炎の陽明学』（矢吹邦彦　明徳出版社）

『大學味講』（菅原兵治、東北振興研修所）

## 主な引用及び参考文献等


『大学・中庸』（矢羽野隆男、ＫＡＤＯＫＡＷＡ）

『大學中庸』新釈漢文大系（赤塚忠、明治書院）

『詩経』新釈漢文大系（上中下全三冊）（石川忠久　明治書院）

『小学』新釈漢文大系（宇野精一、明治書院）

『孟子』新釈漢文大系（内野熊一郎、明治書院）

『伝習録』新釈漢文大系（近藤康信、明治書院）

『真説「伝習録」入門』（林田明大、三五館）

『陽明学十講』（安岡正篤、二松学舎大学陽明学研究所）

『陽明学』創刊号山田方谷特集号（復刻版）（小林日出夫、二松学舎大学陽明学研究所）

『伝習録』（吉田公平、たちばな出版）

『易経』新釈漢文大系（上中下全三冊）（今井宇三郎他、明治書院）

『易』（本田濟、朝日新聞出版）

『易経講座』（ＣＤ）（竹村亞希子、致知出版）

『経書大講』第四巻五巻（小林一郎、平凡社）

『柳宗元』（下定雅弘、勉誠出版）

『大唐帝国』（宮崎市定、中央公論社）

『137億年の物語』（クリストファー・ロイド　野中香方子訳、文藝春秋）
『ある町の高い煙突』（映画の原作にもなる）（新田次郎、文芸春秋社）
『情動の科学的解明と教育等への応用に関する検討会　中間報告書』平成十七年十月（文科省）
『広島県PTAフォーラム佐々木正美先生講演』
『人を伸ばす力』（エドワード・L・デシ、リチャード・フラスト　桜井茂男訳、新潮社）
『ハーバードの人生が変わる東洋哲学』（マイケル・プュエット&クリスティーン・グロス＝ロー　熊谷淳子訳　早川書房）
『現代アメリカにおける学力形成論の展開』（石井英真、東信堂）
『教育小六法』（学陽書房）
『小学校学習指導要領平成20年3月告示』（文部科学省）
『論語易経伝習録大學中庸に生き方を学ぶ』（池田弘満、廣文館・南南社）
『広辞苑』第六版、第七版（新村出編、岩波書店）
『新漢語林』（鎌田正、米山寅太郎、大修館書店）

# おわりに

どうでしたか。目からウロコのところ多々あったと思います。

成果を上げ続けた山田方谷の誠意の生き方考え方の本源を『古本大學』に探り自得し、自らを変えていきたいものです。結局、学びは「心悟に存す」の如く、各世代各人の課題に自ら向き合い学び、自ら発して気づき、自ら考え、自ら行動し振り返ることを繰り返し、一起一伏わずかずつでも進歩していくことが、楽しく豊かに幸せに生きることにつながるのではないでしょうか。

そのためには、社会の諸組織の人々とのかかわりが欠かせません。私は、これまで、現役及び退職教育関係者の方々及び教え子の皆さん、保護者・地域の皆さん、そして、論語普及会、関西師友協会、方谷研究会、高梁方谷会、新見方谷会、岡山歴史楽修会、岡山人物銘々伝を語る会、木鶏クラブ等の方々に様々な御示唆をいただきました。にも拘わらず、私の磨きが足りず十分な解釈に至っていないかと思います。でも、これまでの皆様の御示唆がなければ初めての古本大学の解釈はできなかったと、改めて感謝至極です。これからもお導きよろしくお願いいたします。

最後に、明徳出版社の向井徹編集員様には、浅学非才の私を最後まで丁寧にお導きいただきました。深く感謝し、筆をおきます。

池田弘満（いけだひろみち）

昭和 26 年広島県生まれ。

元学校長・元論語普及会副会長。永年小学校教員として奉職。法規・法令に基づき、その学習指導要領に示された目標、内容の実現のため、他職員とともに、知的能力や道理、数学的な考え方、個に応じた指導等について実践研究し定年で退く。

一方、功成し感動した英俊雄傑の足跡を訪ね各地を訪れる。そして、それらの人物が学んだ経学の学びに広げ、現代のマネジメントや心理学、脳科学所見と重なる部分多きに驚き更に学ぶ。現在は、これまでを振り返り、偉人や古典の重みを多くの人々と共に味わいながら温故知新の感謝の日々である。

著書：『論語・易経・伝習録・孟子・大學・中庸に生き方を学ぶ』

ISBN978-4-89619-837-9

山田方谷述『古本大學』

令和二年十月一日　初版印刷
令和二年十月十一日　初版発行

著者　池田弘満
発行者　佐久間保行
発行所　㈱明徳出版社

〒167-0052　東京都杉並区南荻窪　一-二五-三
電話　〇三-三三三三-六二四七
振替　〇〇一九〇-七-五八六三四

印刷・製本　㈱明徳

## 山田方谷　関係書

- **山田方谷全集　全三冊**　A五判上製函入二四二二頁　山田　準　六〇〇〇〇円
- **山田方谷の詩—　その全訳**　A五判上製函入一一八四頁　宮原　信　一五〇〇〇円
- **山田方谷の文—方谷遺文訳解**　A五判上製六二二頁　濱　久雄　七五〇〇円
- **日本の思想家41 山田方谷・三島中洲**　四六判カバー装二九四頁　山田　琢　石川梅次郎　二四二七円
- **山田方谷から三島中洲へ**　A五判上製三六〇頁　松川健二　五〇〇〇円
- **山田方谷の陽明学と教育理念の展開**　A五判上製五一〇頁　倉田和四生　八〇〇〇円
- **山田方谷の思想と藩政改革**　A五判上製三一〇頁　樋口公啓　三〇〇〇円
- **哲人　山田方谷—その人と詩**　新書判一八四頁　宮原　信　一〇〇〇円